营销团队

激励机制研究

Yingxiao Tuandui
JILI JIZHI YANJIU

康玉林 / 著

吉林文史出版社

图书在版编目（CIP）数据

营销团队激励机制研究 / 康玉林著. －长春：吉
林文史出版社，2021.11
　　ISBN 978-7-5472-8234-2

　　I. ①营… 　Ⅱ. ①康… 　Ⅲ. ①企业管理－营销管理－
研究 　Ⅳ. ①F274

　　中国版本图书馆 CIP 数据核字（2021）210057 号

营销团队激励机制研究

YINGXIAO TUANDUI JILI JIZHI YANJIU

著　　者	康玉林
责任编辑	弭　兰
封面设计	微众文化
出版发行	吉林文史出版社有限责任公司
地　　址	长春市福祉大路 5788 号
印　　刷	四川科德彩色数码科技有限公司
开　　本	787mm×1092mm　1/16
印　　张	9.25
字　　数	115 千字
版　　次	2021 年 11 月第 1 版
印　　次	2021 年 11 月第 1 次印刷
书　　号	ISBN 978-7-5472-8234-2
定　　价	39.00 元

前　言

近年来，我国的外部环境发生了巨变。基于此，我国提出了"双循环"战略以应对新的发展挑战。无论是国际大循环还是国内小循环，都是对我国经济发展动能的进一步释放，也是我国经济进一步高速发展的保障。而这些都离不开营销业的保驾护航。

我国在改革开放后经历了 40 多年的飞速发展，已经成为全球意义上的制造大国，亦成为全球产业结构最为完善的国家。但是，我国还不是营销大国。在世界经理人集团（World Executive Group）与世界品牌实验室（World Brand Lab）联合推出的世界品牌 500 强的名单中，我国仅入围 43 个品牌，远远低于美国的 204 个，亦低于法国和日本。因此，加快推进我国营销业的发展就成为一种必然。

当今时代是团队作战的时代，正团队激励一直是国内外管理领域内研究的重点，也是营销实践的难点。基于此，笔者的硕士毕业论文题为《营销团队激励机制研究》，近些年来也一直从事这方面的教学与研究，经过十多年的积累，已有了一点儿心得。所以，本书是在硕士毕业论文的基础上加入笔者近些年的思考而成的结晶。由于笔者水平有限，本书难免存在一些不足，恳请大家在谅解的同时进一步批评、指正。本书亦可做抛砖引玉之用，让更多的营销大家与营销实战大师发表自己的观点，为我国营销业的发展添砖加瓦！

康玉林

2021 年 6 月

目录
Contents

第一章　企业员工激励基本原理

经过改革开放40多年的发展,我国已经成为全球第二大经济体,与第一大经济体美国的差距也在逐步缩小。我国是全球唯一的产业门类齐全的国家,"拥有41个工业大类、207个工业中类、666个工业小类,是全世界唯一拥有联合国产业分类中所列全部工业门类的国家"。"中国制造"在国际舞台上扮演着越来越重要的角色,特别是随着"一带一路"建设的稳步推进,新的国际产业利益共同体正在加速形成,进而稳步提升我国在国际工业产业中的地位。但必须认识到的是,我国目前虽是工业产业"大且全"的国家,却不是"大且强"的国家,我们在这之间还有较长的路要走,有很多方面需要进一步加强,特别是营销。营销的核心就是激励那些在营销领域内奋斗的营销人员。有关个人激励的理论很多,但关于团队激励的理论较少。专家学者经过不断努力,在理论方面取得了很大的成效,但在实践中的成绩却不尽如人意。所以,对营销团队激励进行研究是每一个营销管理者与相关学者的责任。

"位卑未敢忘忧国",无数的中华儿女义无反顾地投入实现"中国梦"的伟大奋斗中,这是我国一步步走向复兴的关键。各行各业飞速发展,使我国向世界呈现出前所未有的蓬勃向上的发展态势。也许我们的步伐还不够稳健,也许我们的汗水还在阳光下闪烁,也许我们的腰身还不够硬朗,但我们已经站在了世界舞台的中央。

第一节　激励概述

心理学研究表明，人的动机是由其体验到的某种未满足的需要或未达到的目标所引发的。这种需要或目标，既可以是生理或物质上的，也可以是心理或精神上的。在现实生活中，人的需要往往不是单一的，而是多种多样的。一个人的行为动机总是由其全部需要结构中最重要、最强烈的需要所支配，这种最重要、最强烈的需要叫作主导需要。激励就是不断满足个体主导需要的过程。但是，单纯满足个体的需要对企业而言意义不大。而且，激励成本属于额外成本，不是企业运营过程中必须产生的成本。也就是说，只有将满足个体的主导需要和企业某个阶段的特定目标联系起来，在完成企业目标的同时，个体的主导需要才会得到满足。这对企业和个体都有利，也使激励真正成为企业吸引外部人才、留住内部人才的基石。

激励通过满足个体的主导需要来实现企业的某个特定目标。在极端情况下，如果一个人没有任何需要，那么无论是外在的刺激还是内在的动机，对这个人都将不起作用。由此可见，激励的内涵体现出如下基本点：

第一，激励必须按照人的客观行为规律性进行。

从本质上讲，激励是影响人类行为的活动，其前提是人的行为具有特定规律。比如，从纵向上看，人在小时候受口腹欲望的驱使，行为更加直接；随着年龄的增长，人的行为受到社会道德规范的束缚，渐渐趋于理性。从横向上看，同一年龄，不同的人表现出各种不同的需要，因为这些需要的侧重点不同，所以引发的行为自然不一样；就个体而言，在其成长的某一阶段可能会有诸多需要，但是在这众多需要中，对其行为影响最大的往往是最为迫切的需要，但其他需要在这个过程中也会对个体的最终行为有一定的影响作用。

第二，激励要综合运用能够影响人的行为的各种力量。

影响个体行为的因素非常多，而且在不同的阶段，同一因素对个体行为所起的作用也不一样，因而定性地研究某一因素对个体行为的影响意义不大。但是，根据这些因素对人类某一特定行为的影响，可以将其分为两类，即助长型因素与抑制型因素。所谓助长型因素，指的是能够强化个体的某种行为的因素。也就是说，这些因素会对个体的某一特定行为有一定的促进作用，比如对某一员工工作结果的正面评价。而抑制型因素对个体的某一特定行为有一定的抑制作用，最终的结果是降低这种行为发生的频率，比如我们经常遇到的上班迟到罚款。企业基于不同的需求，对不同情境中的同一行为，评价各异。因此，在哪种情况下使用助长型激励因素，在哪种情况下使用抑制型激励因素，要根据企业当时的需要来决定。

第三，激励具有很强的目的性。

在一般情况下，企业的目的和个人的目的是不一致的，因而简单地以企业目的为标准来激励员工，效果通常不会太理想；而简单地以个人目标为标准来激励员工，往往难以达成企业目标。所以，应该综合考虑企业目标与个人目标，将二者有机地结合起来。在管理实践中，企业一般以一套指标体系作为特定时段的员工考核标准，使员工朝企业要求的方向努力，并且达到企业要求的高度。

企业员工激励是从企业人力资源开发与管理的角度出发对激励内涵的界定，激励是指针对企业员工的行为产生变化的内在规律，利用能够激

发、引导、强化和修正员工行为的各种力量，对员工的行为施加影响，以达成组织目标的各种活动的总和。企业员工激励的目的是调动员工的积极性，使个人行为目标与组织行为目标相一致。

第二节　企业员工激励理论分析

20世纪初，管理学家、心理学家和社会学家从不同的角度分别研究了怎样激励人的问题，并提出了相应的激励理论。这些激励理论侧重于对人的共性分析，以克服泰勒首创的科学主义管理在人的激励方面存在的严重不足。之后，激励理论经历了由单一的金钱刺激到满足多种需要、由激励条件泛化到激励因素明晰、由激励基础研究到激励过程探索的历史演变过程。

激励理论可以分为内容型激励理论和过程型激励理论两类。内容型激励理论旨在找出促使员工努力工作的具体因素。该类理论主要研究人的需要以及如何满足需要的问题，故而又被称为需要理论。其主要包括马斯洛的需要层次理论、阿尔德佛的"ERG"理论和麦克利兰的后天需要理论。过程型激励理论关注的是动机产生以及从动机产生到采取具体行为的心理过程，主要包括强化理论、目标设置理论、期望理论和公平理论。

一、内容型激励理论

内容型激励理论指的是针对激励的本因以及起激励作用的具体内容进行相关研究的理论。该理论的立足点在于人有哪些需要以及如何满足这些需要，即：人们需要哪些，就想办法满足这些需要，从而激发人们的动机。

（一）马斯洛的需要层次理论

亚伯拉罕·马斯洛于 20 世纪 50 年代提出需要层次理论。在该理论中，马斯洛将人的需要划分为五个层级，呈金字塔形，金字塔下层的需要容易满足，越往上越难满足。同时，只有当下层的需要得到满足后，人们才会追求更上一层的需要，如图 1-1 所示。

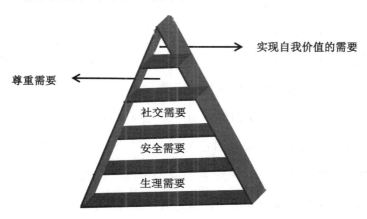

图 1-1　马斯洛需要层次理论示意图

第一层次：生理需要。马斯洛认为，生理需要是人的各种需要中最基本、最强烈、最明显的需要，目的是维持人的生命活动。它包括人们对食物、水、空气、睡眠和性的需要，这些需要在人的整体需要中是最重要的，也是对人的行为影响最大的。当一个人饥肠辘辘时，为了得到食物和水以维持生命，关于尊严、爱的需要就不是那么重要了。马斯洛认为，在这一需要没有得到满足时，人会自动忽略或隐藏其他需要。

第二层次：安全需要。它表现为人们追求稳定、受到保护、安全、有秩序、能免除恐惧和焦虑等。安全需要可以分为两个方面，一是生命财产的安全，二是生活职业的安全。现如今，很多人都希望考上公务员，进入事业单位或者国有大型企业，不是因为这些单位工资高，而是因为渴望得到一份稳定的工作。再如很多人购买各种保险或安装监控设备，也是其安全需要的具体表现。

第三层次：归属与爱的需要，或社会需要、社交需要。处于这个需要层次的人，把友爱看得非常重要，他们希望拥有幸福美满的家庭，渴望得到社会或团体的认可，并努力与同事建立良好和谐的人际关系。

第四层次：尊重需要。它包括自尊、自重和来自他人的尊重。自尊表现为相信自己足够优秀。自尊需要的满足会使人相信自己的价值，使其在生活中变得更有能力，更富有创造性。相反，缺乏自尊会使人感到自卑，没有足够的信心去处理生活中面临的问题。

第五层次：实现自我价值的需要，即自我实现的需要。这也是人类追求的最高需要，人类渴望实现自己的能力或潜能，并使之完善化。但是，自我实现的方式因人而异，家庭主妇或公司白领、搬砖工人或战场将士，他们都有机会去完善自己的能力，满足自我实现的需要。

关于低级需要和高级需要的关系：马斯洛认为，需要层次越低，其影响力越大，潜力越大。在高级需要出现之前，必须先满足低级需要。所有生物都需要食物和水分，但是只有人类才有自我实现的需要。

低级需要也叫亏空需要，直接关系个体的生存，当这种需要得不到满足时会直接危及人的生命；而高级需要不是维持个体存活所必需的，但是满足这种需要能使人身心健康、精力旺盛，所以又叫作生长需要。满足低级需要相对简单一些，满足高级需要的必要前提是具备良好的外部条件：生活条件、社会条件、经济条件等。

马斯洛认为，要满足高级需要，一般要先满足低级需要。

马斯洛的理论由于其直观性和简易性而极具吸引力，尤其得到了实际管理工作者的认可。然而该理论始终缺乏实证资料的支持。另外，许多现代学者认为，马斯洛理论中的五种需要是人同时具有的，并不是严格按照一定的层级逐一得到满足的。比如，一个乞丐并不见得就没有尊重的需要，只是程度不同而已。

（二）阿尔德佛的"ERG"理论

美国耶鲁大学学者克雷顿·阿尔德佛（Clayton Alderfer）也认为对人的需要进行分类是有价值的，在马斯洛提出的需要层次理论的基础上，进行了更接近实际经验的研究。他认为，人类共存在 3 种核心的需要，即生存（Existence）需要、相互关系（Relatedness）需要和成长（Growth）需要，故这一理论被称为"ERG"理论。

生存需要类似于马斯洛理论中第一、二层次的需要；相互关系需要是进行人际沟通和社会交往方面的需要，类似于马斯洛理论中第三、四层次的需要；成长需要指向个人自我发展力方面，类似于马斯洛理论中第五层次的需要。

除了将五种需要缩减为三种需要之外，与马斯洛的需要层次理论不同的还包括：阿尔德佛的"ERG"理论表明，人在同一时间可能受多种需要的影响，如果较高层次需要的满足受到抑制，那么其对较低层次需要的渴望会变得更加强烈。这在一定程度上解释了 59 岁现象。马斯洛的需要层次是一种刚性的阶梯式上升结构，即认为较低层次的需要必须在较高层次的需要满足之前得到充分的满足，二者具有不可逆性。相反的是，阿尔德佛的"ERG"理论并不认为各类需要层次具有刚性结构。比如说，即使一个人的生存和相互关系需要尚未得到完全满足，他仍然可以为成长需要工作，而且这三种需要可以同时起作用。此外，"ERG"理论还提出了一种叫作"受挫—回归"的思想。马斯洛认为，当一个人某一层次的需要尚未得到满足时，他可能会停留在这一需要层次上，直到获得满足为止。相反地，阿尔德佛的"ERG"理论则认为，当一个人某一更高等级的需要受挫时，作为替代，他的某一较低层次的需要可能会有所增加。例如，如果一个人在社会交往方面的需要得不到满足，那么他可能会增强对得到更多金钱或更好的工作条件的愿望。与马斯洛需要层次理论相类似的是，阿尔德佛的"ERG"理论认为，较低层次的需要得到满足之后，人们会引发对更高层次需要的愿望。但不同于需要层次理论的是，阿尔德佛的"ERG"理论认为，多种需要可以同时作为激励因素起作用，并且当满足较高层次需要的企图受挫时，人们会向较低层次需要回归。因此，管理措施应该随着人的需要结构的变化而做出相应的改变，并根据每个人不同的需要制定出相应的管理策略。

目前，学术界认为阿尔德佛的"ERG"理论在需要的分类上并不比马斯洛的理论更完善，对需要的解释也并未超出马斯洛需要理论的范围。如果马斯洛的需要层次理论是带有普遍意义的一般规律，那么，"ERG"理论则偏重于带有特殊性的个体差异，这表现在"ERG"理论对不同需要之间联系的限制较少。"ERG"理论的特点主要有三点：第一，并不强调需要层次的顺序，某种需要在一定时间内对行为起作用，而当这种需要得到满足后，人们可能会去追求更高层次的需要，也可能没有这种上升趋势；第二，当一个人追求较高层次的需要受到挫折时，就有可能会去追求较低层次的需要；第三，某种需要在得到基本满足后，其强烈程度不仅不会减弱，还可能会增强。这些都与马斯洛的理论是不一致的，如图1-2所示。

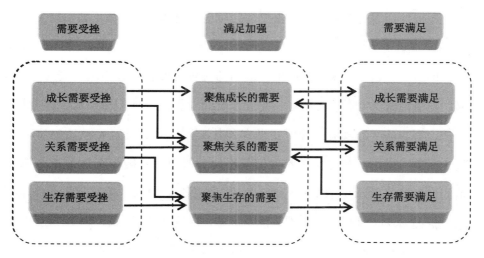

图 1-2　阿尔德佛 "ERG" 理论结构图示

（三）麦克利兰的后天需要理论

美国哈佛大学教授戴维·麦克利兰在 1955 年对马斯洛理论的普遍性提出质疑，对该理论的核心概念"自我实现"有无充足的根据表示怀疑。麦克利兰认为，很多需要都不是生理性，而是社会性的，且社会性需要不是先天的，而是后天的，源自环境、经历和培养教育等。麦克利兰认为，我们很难从个人角度归纳出共同的、与生俱来的心理需要。时代不同、社会不同、文化背景不同，人的需要当然就不同，所谓"自我实现"的标准也不同。马斯洛的理论过分强调个人的自我意识、内省和内在价值，忽视了来自社会的影响，失之偏颇。麦克利兰在此基础上提出了自己的理论，即后天需要理论，也叫成就需要理论。

麦克利兰的成就需要理论认为，人们拥有对成就、权力、社交三方面强烈的追求，由此产生了对成就的需要、对权力的需要、对社交的需要。在这些需要的驱动下，人们在工作情境中就会产生行为动机，形成很强的工作积极性。通过大量研究，麦克利兰对这三类基本需要做了如下描述：

1. 成就需要

即追求卓越、实现目标和争取成功的一种需要。热衷于成就需要的人喜欢把事情做得比竞争者更好，并敢于冒商业风险。他们希望对工作承担责任，喜欢适度的风险，希望获得有关其工作绩效的迅速且具体的反馈。过于简单或过于复杂的工作对他们都不具备吸引力，因为在这类工作中，他们对于结果所承担的责任较少。追求成就需要的人一般不会长时间休息，他们喜欢长时间、全身心地投入工作，并在工作的过程中得到心理满足，即使失败也不会过分沮丧。他们并不看重成功所带来的物质奖励。个体的成就需要与他们所处的大环境有关，比如经济、文化、社会、政府的发展程度、社会风气等。

麦克利兰还发现高成就需要者拥有如下三个主要性格特征。

首先，高成就需要者喜欢设立具有适度挑战性的目标，不喜欢凭运气获得的成功，不喜欢接受那些在他们看来特别容易或特别困难的工作任务。他们总是精心选择自己的目标，因此，他们很少被动地接受别人（包括上司）为其选定的目标。除了请教能提供所需技术的专家外，他们不喜欢寻求别人的帮助或忠告。他们要是赢了，会要求应得的荣誉；要是输了，也勇于承担责任。高成就需要者对成功有强烈的需要，但同时也担心失败，倾向于设定与自己能力相当的、中等难度的目标，对风险采取一种理性的态度。因为如果目标过低，伴随着成功的是较少的成就满足感；而目标过高，则风险很大，成功的机会过于渺茫，会使他们难以体会到成功的喜悦。

其次，高成就需要者重视的是个人成就而不是成功或报酬本身。他们喜欢独自解决问题，一有时间就考虑如何把事情做得更好，在工作中相信自己的能力，敢于做出决断，愿意承担责任，希望通过自己的努力获得成功。

最后，高成就需要者喜欢能立即给予反馈的任务。目标对于他们非常重要，所以他们希望得到有关工作绩效的及时明确的反馈信息，从而了解自己是否有所进步。这是高成就需要者往往选择专业性职业，或从事销售、参与经营活动的原因。他们对工作的结果非常关注，希望立即得到信息反馈。因此，他们不愿意从事成果要很长时间以后才见分晓的工作。

麦克利兰指出，金钱刺激对高成就需要者的影响很复杂。一方面，高成就需要者往往对自己的贡献评价甚高，自抬身价。他们了解自己的长处，也了解自己的短处，所以在选择特定工作时有信心。如果他们的工作能力出众而薪酬很低，他们是不会在这个组织待很长时间的。另一方面，金钱刺激对于提高他们的绩效能起多大作用很难说清，他们一般总以自己的最高效率工作，所以金钱固然是成就和能力的鲜明标志，但由于他们觉得薪酬和奖励配不上其付出，所以可能引起不满。

麦克利兰认为，一个公司如果有很多具有成就需要的人，那么该公司就会发展很快；一个国家如果有很多这样的公司，整个国家的经济发展速度就会高于世界平均水平。但是，在不同国家、不同文化背景下，成就需要的特征和表现不尽相同。对此，麦克利兰并未做出充分表述。

2. 权力需要

权力需要是指影响和控制别人的一种愿望或驱动力。不同的人对权力的渴望程度有所不同。权力需要较高的人对影响和控制别人表现出很大的兴趣，喜欢对别人"发号施令"，注重争取地位和影响力。他们喜欢争辩、健谈、直率、头脑冷静；善于提出问题和要求；喜欢教训别人并乐于演讲。他们喜欢具有竞争性和能体现较高地位的场合或情境，他们也会追求出色的成绩。但是，他们这样做并不像高成就需要者那样是为了个人的成就感，而是为了获得地位和权力或与自己已具有的地位和权力相称。权力需要是管理成功的基本要素之一。

麦克利兰还将组织中管理者的权力分为两种：一是个人权力。追求个人权力的人总是围绕个人需要行使权力，在工作中需要得到及时反馈，倾向于亲自操作。麦克利兰认为，一个管理者，若把他的权力形式建立在个人需要的基础上，不利于他人来续位。二是职位性权力。职位性权力要求管理者与组织共同发展，自觉接受约束，从体验行使权力的过程中得到一种满足。

权力具有两面性，即社会化权力和个人化权力，前者的出发点在于为他人着想，后者则以实现个人统治为核心。权力的消极面或者说个人化的权力，属于"统治—服从"的关系层面，征服、侵犯他人，把被领导者看成工具而不是动力。这种统治只能给领导者带来肤浅的满足。权力的积极面或者说社会化的权力，其主要特征是通过深切了解群众的需要和愿望，帮助群体确定共同的目标和意志，并主动提供实现目标的途径，让群体成员感到自己是强者，有能力实现目标，把被领导者当作动力而不是工具。社会化的权力，能最大限度地调动被领导者的积极性，有益于整个社会。

成就需要和权力需要都会使人们有杰出的表现，但二者还是有区别的。人们渴望权力是基于希望影响他人，希望控制向下、向上的信息渠道，以便施加影响、掌握权力。他们对政治感兴趣，而不像高成就需要者那样关心改进自己的工作。

3. 亲和需要

亲和需要是寻求被他人喜爱和接纳的一种愿望。具有高亲和动机的人更倾向于与他人进行交往，为他人着想，并由此获得愉悦感。高亲和需要者渴望亲和，喜欢合作而不是竞争的工作环境，希望同事之间达成沟通与理解。他们对环境中的人际关系更为敏感。有时，亲和需要也表现为对失去某些亲密关系的恐惧和对人际冲突的回避。亲和需要是保持社会交往和人际关系和谐的重要条件。

麦克利兰的亲和需要与马斯洛的社会需要、阿尔德佛的相互关系需要基本相同。麦克利兰指出，注重亲和需要的管理者容易因为讲究交情和义气而违背或不重视管理工作原则，从而导致组织效率下降。

如上所述，所有的内容型激励理论都试图确定与激励密切相关的具体需要及其层次结构。通过聚焦于激励的内容，每种理论都将其对激励的解释限定在一系列特定的因素上，并试图阐明如何利用这些具体因素实现激励。该类理论的贡献在于找出了有助于更好地理解激励问题的重要概念。然而，由于不同文化中的价值观念往往有所差异，因而很难找到一套适用于所有人的激励需要层次。

二、过程型激励理论

过程型激励理论着重研究人从动机产生到采取行动的心理过程。其主要任务是找出对人的行为起决定作用的关键因素，并弄清这些因素之间的相互关系，以预测人的行为并加以利用。这类理论表明，要使员工出现企业期望的行为，须在员工的行为与员工需要的满足之间建立起必要的联系。

大多数激励的需要理论有三个前提：①所有的员工需要是一样的；②一切环境是一样的；③存在一种对所有员工都适用的、最好的激励方式。这三个前提限制了其理论的实月性。激励的过程理论就是为了克服需要理论的不足而提出的。

（一）强化理论

强化理论由美国心理学家和行为科学家斯金纳、赫西、布兰查德等人提出。斯金纳在心理学层面属于极端的行为主义者，其目标在于预测和控制人的行为而不去推测人的内部心理过程和状态。他提出"操作条件反射"理论，认为人或动物为了达到某种目的，会采取一定的行为作用于环境。当这种行为的后果对他有利时，这种行为就会在以后重复出现；不利时，这种行为就会减弱或消失。人们可以用这种正强化或负强化的办法来影响行为的后果，从而修正自身的行为。这就是强化理论，也叫作行为修正理论。

所谓强化，从其最基本的形式来讲，指的是对一种行为的肯定或否定的后果（报酬或惩罚），它至少在一定程度上会决定这种行为在今后是否会重复发生。根据强化的性质和目的，可以把强化分为正强化、负强化以及自然消退。在管理上，正强化就是奖励那些组织上需要的行为，从而加强这种行为。正强化的方法包括发放奖金、对成绩的认可、表扬、改善工作条件和人际关系、升职、安排担任挑战性的工作、给予学习和成长的机会等。负强化是指为了使某种行为不断重复，减少或消除施于其身的某种不愉快的刺激。自然消退又称衰减，是指对原先可接受的某种行为强化的撤销，即：由于在一定时间内不予强化，此行为将自然下降并逐渐消退。例如，企业曾对按照 996 职工加班加点完成工作任务给予奖酬，后经研究认为这样不利于职工的身体健康和企业的长远利益，因此不再发给奖酬，从而使自觉执行 996 的职工逐渐减少。

强化理论有助于对人们行为的理解和引导。因为一种行为必然会有后果，而这些后果在一定程度上会决定这种行为是否重复发生。管理人员的职责就在于通过正负强化手段去控制和影响职工的自愿行为。这种控制和影响职工的行为，并不是对职工进行操纵；相反，它使职工在各种明确规定的备选方案中进行选择。

通过分析强化理论，可以看出强化模式主要由"前因""行为"和"后果"三个部分组成，它们相互作用，从而影响人的行为。"前因"是指在行为产生之前确定一个具有刺激作用的客观目标，并指明哪些行为将得到强化。"行为"是指为了达到目标的工作行为。"后果"是指当行为达到目标时，则给予肯定和奖励；当行为未达到目标时，则不给予肯定和奖励，甚至给予否定或惩罚，以求控制职工的安全行为。

但是，强化理论所说的控制，主要是指从外部施加给人的环境因素。至于这种外部因素如何通过人的认识和心理而起作用，强化理论则没有着重地加以说明。

（二）目标设置理论

美国马里兰大学管理学兼心理学教授爱德温·洛克和休斯在研究中发现，外来的刺激（如奖励、工作反馈、监督的压力）都是通过目标来影响动机的。目标能引导活动指向与目标有关的行为，使人们根据难度的大小来调整努力的程度，并影响行为的持久性。于是，在一系列科学研究的基础上，他们于1967年最先提出"目标设定理论"。洛克和休斯认为，目标本身就具有激励作用，目标能把人的需要转变为动机，使人们的行为朝着一定的方向努力，并将自己的行为结果与既定的目标相对照，及时进行调整和修正，从而实现目标。这种使需要转化为动机，再由动机支配行动以达成目标的过程就是目标激励。目标激励的效果受目标本身的性质和周围变量的影响。

洛克和休斯认为目标有两个最基本的属性：明确度和难度。从明确度来看，目标内容可以是明确的，也可以是模糊的，如仅告诉被试"请你做这件事"。明确的目标可以使人们更清楚要怎么做,付出多大的努力才能达到目标。很明显,模糊的目标不利于引导个体的行为和评价他们的成绩。因此,目标设定得越明确越好。事实上,明确的目标本身就具有激励作用,这是因为人们有希望了解自己行为的认知倾向。对行为目的和结果的了解能减少行为的盲目性,提高行为的自我控制水平。另外,目标的明确与否对绩效的变化也有影响。也就是说,完成明确目标的被试的绩效变化很小,而目标模糊的被试绩效变化则很大。这是因为模糊目标的不确定性容易产生多种可能的结果。从难度来看,难易度依赖于人和目标之间的关系,同样的目标对某人来说可能是容易的,而对另一个人来说可能是难的,这取决于他们的能力和经验。一般来说,目标的绝对难度越高,人们就越难达到它。研究表明,绩效与目标的难度水平呈线性关系,因为人们可以根据不同的任务难度来调整自己的努力程度。当然,这是有前提的,前提条件就是完成任务的人有足够的能力,对目标又有高度的承诺。在这样的条件下,任务越难,绩效越好。

洛克和休斯的研究表明,在目标设定与绩效之间还有其他一些重要的因素在发挥作用。这些因素包括对目标的承诺、反馈、自我效能感、任务策略、满意感等。

1. 承诺

承诺是指个体被目标所吸引,认为目标重要,持之以恒地为达到目标而努力的程度。个体在最强烈地想解决一个问题的时候,最能产生对目标的承诺,并随后真正解决问题。由权威人士指定目标,或是个体参与设定目标,哪一种方式更能导致目标承诺、增加下属的绩效呢?研究发现,合理指定的目标(所谓合理,即目标有吸引力,也有可能达到)与参与设定的目标有着相同的激励力量。这两者都比只是简单地设定目标而并不考虑目标的合理性更有效。当人们认为目标能够达到，而达到目标又有很重要的意义时，对目标的承诺就加强了。研究者发现，人们认为目标能够达到可以加强自我效能感。

近年来的研究发现，激励物对产生承诺的作用是很复杂的。一般来说，对于无法达到的目标提供奖金只能降低承诺；对于中等难度的任务给予奖金最能提高承诺。

2. 反馈

目标与反馈结合在一起更能提高绩效。目标向人们指出应达到什么样的目的或结果。同时，它也是个体自我评价绩效的标准。反馈则告诉人们这些标准满足得怎么样、哪些地方做得好、哪些地方尚有待改进。反馈是组织里常用的激励策略和行为矫正手段。多年来，学界已经研究了多种类型的反馈，尤其是能力反馈，它是由上司或同事提供的关于个体在某项活动上的绩效是否达到了特定标准的信息。能力反馈可以分为正反馈和负反馈。正反馈是指个体达到了某项标准而得到的反馈，而负反馈是指个体没有达到某项标准而得到的反馈。另外，反馈的表达有两种方式：信息方式和控制方式。信息方式的反馈不强调外界的要求和限制，仅告诉被试任务完成得如何，这表明被试可以控制自己的行为和活动。因此，这种方式能加强接受者的内控感。控制方式的反馈则强调外界的要求和期望，如告诉被试他必须达到什么样的标准和水平。它使被试产生了外控的感觉——他的行为或活动是由外人控制的。用信息方式表达正反馈可以加强被试的内部动机，对需要发挥创造性的任务给予被试信息方式的正反馈，可以使被试更好地完成任务。

3. 自我效能感

目标激励的效果与个体自我效能感的关系也是目标设定理论中研究得

比较多的内容。自我效能感就是个体在处理某种问题时能做得多好的一种自我判断，它是以对个体全部资源的评估为基础的，包括能力、经验、训练、过去的绩效、关于任务的信息等。当对某个任务的自我效能感强的时候，对这个目标的承诺就会提高。这是因为高的自我效能感有助于个体长期坚持在某一个活动上，尤其是当这种活动需要克服困难、战胜阻碍时。高自我效能感的人比低自我效能感的人坚持努力的时间要长。目标影响自我效能感的另一个方面是目标设定的难度。当目标太难时，个体很难达到目标，这时他的自我评价可能就比较低。而一再失败就会削弱一个人的自我效能感。根据目标的重要程度，可以将其分为中心目标和边缘目标，中心目标是很重要的目标，边缘目标就是不太重要的目标。安排被试完成中心目标任务可以增强被试的自我效能感。因为被试觉得他被安排完成重要任务，这是对他能力的信任。被安排达成中心目标的被试的自我效能感明显比只被安排完成边缘目标的被试强。

4. 任务策略

目标本身有助于个体直接实现目标。第一，目标引导活动指向与目标有关的行为，而不是与目标无关的行为。第二，目标会引导人们根据难度的大小来调整努力的程度。第三，目标会影响行为的持久性，使人们在遇到挫折时也不放弃，直到实现目标。当这些直接的方式还不能够实现目标时，个体就需要寻找一种有效的任务策略。尤其是当面临困难任务时，仅有努力、注意力和持久性是不够的，还需要有适当的任务策略。任务策略是指个体在面对复杂问题时使用的有效的解决方法。目标设定理论中有很多对在复杂任务中使用任务策略的研究。相对于简单任务，在复杂任务环境中有着更多可能的策略，而这些策略有很多是不好的。要想完成目标，得到更好的绩效，选择一个良好的策略是至关重要的。洛克和休斯的研究发现，在一个管理情境的模拟研究中，只有在使用了适宜策略的情况下，任务难度与被试的绩效才显著相关。

何种情境、何种目标更有利于形成有效策略，学界对此还未得出有效结论。现实情况是，在能力允许的范围下，目标的难度越大，绩效越好。但有时人们在完成困难目标时选择的策略不佳，结果他的绩效反而不如完成容易目标时的绩效好。对此现象的解释是，完成困难目标的被试在面对频繁而不系统的策略变化时，表现出恐慌，使他最终没有掌握完成任务的最佳策略。而完成容易目标的被试反而会更有耐心地发展和完善他的任务策略。

5. 满意感

个体经过种种努力终于达成目标后，如果能得到他所希望的报酬和奖赏，就会感到满意；如果没有得到预料中的奖赏，个体就会感到不满意。同时，满意感还受到另一个因素的影响，就是个体对他所得报酬是否公平的理解。比如，通过与同事相比、与朋友相比、与自己的过去相比、与自己的投入相比，他感到所得的报酬是公平的，就会感到满意；反之，则会不满意。

目标的难度也会影响满意感。任务越容易，个体越易取得成功，他就会经常体验到伴随成功而来的满意感。当目标困难时，取得成功的可能性会变小，个体体验到的满意感便会降低。这就意味着容易的目标产生的满意感比困难的目标多。然而，达到困难的目标会产生更高的绩效，对个体、对组织有更大的价值。是让个体更满意好还是让个体取得更高的绩效好？如何平衡这种矛盾？现实的经验中有一些较好的办法：设定中等难度的目标，这样个体既有一定的满意感，又有比较高的绩效；当达到部分的目标时也给予奖励，而不仅是在完全达到目标时才给；使目标在任何时候都是中等难度，但不断小量地增加目标的难度；运用多重目标－奖励结构，达到的目标难度越高，得到的奖励越多。

自洛克1967年提出目标设定理论，50多年来的研究有力地证明了从目标设定的观点来研究激励是有效的。在这个领域已经取得了很多有意义的成果，这些理论成果也已应用到实际管理工作中，给实际工作带来了很大帮助。但是，在目标设定理论中还存在部分问题需要进一步明确。比如目标设定与内部动机之间的关系。一般认为，设定掌握目标比绩效目标更能激起内部动机，但这个过程也受到很多其他中介因素的影响；再如目标设定与满意感的关系，目标设定与满意感之间呈现一种复杂的关系，困难目标比容易目标能激起更高的绩效，但它却可能导致更低的满意感。一般认为，反馈可以促进绩效的提高，但不同的反馈方式对绩效的作用也不一样。因此，我们需要研究清楚如何进行反馈是最有效的。

（三）期望理论

期望理论又称"效价－手段－期望理论"，由北美著名心理学家和行为科学家维克托·弗鲁姆于1964年在《工作与激励》中提出。期望理论以三个因素反映需要与目标之间的关系，要激励员工，就必须让员工明确：工作能提供给他们真正需要的东西；他们欲求的东西是和绩效联系在一起的；只要努力工作就能提高他们的绩效。

激励（motivation）取决于行动结果的价值评价（valence，即"效价"）和其对应的期望值（expectancy）的乘积：

$$M=V\times E$$

M表示激励力，是指调动一个人的积极性，激发人内部潜力的强度。

V表示效价，是指达到目标对于满足个人需要的价值。由此可知，效价是一个心理学的概念。同一目标，由于各人所处的环境不同，需求不同，其需要的目标价值也就不同。同一个目标对每一个人可能有三种效价：正、零、负。如果个人喜欢其可得的结果，则为正效价；如果个人漠视其结果，则为零值；如果不喜欢其可得的结果，则为负效价。效价越高，激励力量就越大。

期望理论认为，效价受个人价值取向、主观态度、优势需要及个性特征的影响。例如，有人认为有价值的事物，另外的人可能认为全无价值。如1000元奖金对刚刚毕业的大学生而言可能很有价值，而对高收入人群来说意义不大。对于一个希望通过努力工作得到晋升机会的人而言，"晋升"的效价就很高；如果某个人对晋升毫无要求，那么晋升对他来说效价就等于零；如果这个人对晋升不仅毫无要求，而且害怕晋升，那么，晋升对他来说，效价就是负值。

E表示期望值，是人们判断自己达到某种目标或满足需要的可能性的主观概率。目标价值大小直接反映人的需要动机强弱，期望概率反映人实现需要和动机的信心强弱。弗鲁姆认为，人总是渴求满足一定的需要并设法达到一定的目标。这个目标在尚未实现时，表现为一种期望，期望的概念就是指一个人根据以往的能力和经验，在一定的时间里希望达到目标或满足需要的一种心理活动。

领导者给员工制订工作定额时，要让员工经过努力就能完成，再努力就能超额，这才有利于调动员工的积极性。定额太高，使员工失去完成的信心，他就不努力去做；太低，轻易可得，员工也不会努力去做。因为期望概率太高、太容易的工作会影响员工的成就感，失去目标的内在价值。所以领导者制订工作、生产定额，以及使员工获得奖励的可能性都有个适度问题，只有适度才能保持员工恰当的期望值。

图 1-3　弗鲁姆的期望模式理论示意图

如图 1-3 所示的四因素需要兼顾如下关系。

第一，努力和绩效的关系。这两者的关系取决于个体对目标的期望值。期望值又取决于目标是否合适个人的认识、态度、信仰等个性倾向，及个人的社会地位，别人对他的期望等社会因素。即由目标本身和个人的主客观条件决定。

第二，绩效与奖励的关系。人们总是期望在达到预期成绩后，能够得到适当的合理奖励，如奖金、晋升、提级、表扬等。组织的目标，如果没有相应的、有效的物质和精神奖励来强化，时间一长，积极性就会消失。

第三，奖励和个人需要的关系。奖励什么要适合各种人的不同需要，要考虑效价。要采取多种形式的奖励，满足各种需要，最大限度地挖掘人的潜力，最有效地提高工作效率。

第四，需要的满足与新的行为动力之间的关系。当一个人的需要得到满足之后，他会产生新的需要和追求新的期望目标。需要得到满足的心理会促使他产生新的行为动力，并对实现新的期望目标产生更高的热情。

期望理论的主要贡献在于它阐明了个人目标与工作绩效、绩效与奖励、奖励与个人目标满足之间的关系。作为一个权变模型，该理论意识到不存在一种普遍的原则来解释所有人的个体行为。同时，该理论也为我们进行奖励实践并评估组织的奖励政策提供了基础。

（四）公平理论

美国学者亚当斯在综合有关分配的公平概念和认知失调的基础上，于

20 世纪 60 年代提出了一种激励理论。该理论的基本内容包括三个方面：

1. 公平是激励的动力

公平理论认为，人能否受到激励，不但取决于他们得到了什么，还取决于他们所得与别人所得是否公平。该理论的心理学依据是人的知觉对于人的动机的影响很大。一个人不仅关心自己本身的所得所失，而且关心与别人所得所失的关系。他们是以相对付出和相对报酬全面衡量自己的得失。

2. 公平理论的即方程式

$$Q_p/I_p = Q_o/I_o$$

式中，Q_p 代表一个人对他所获报酬的感觉；I_p 代表一个人对他所做投入的感觉；Q_o 代表这个人对某比较对象所获报酬的感觉；I_o 代表这个人对比较对象所做投入的感觉。如果得失比例和他人相比大致相当，此人便认为结果公平合理，心情舒畅；比例高于别人会让他兴奋，这是比较有效的激励。但在通常情况下，比例过高会带来心虚，使不安全感激增；比例低于别人时，此人会产生不安全的感觉，心理不平静，甚至满腹怨气，最终导致工作不努力，甚至消极怠工。因此，分配合理常是激发人在组织中工作动机的因素和动力。

3. 不公平的心理行为

当人们在待遇方面感到不公平时，他们会很苦恼，紧张不安，导致行为动机下降，工作效率下降，甚至出现逆反行为。个体为了消除不安，一般会出现以下一些行为措施：通过自我解释达到自我安慰，造成一种公平的假象，以消除不安；更换对比对象，以获得主观的公平；采取一定行为，改变自己或他人的得失状况；发泄怨气，制造矛盾；暂时忍耐或逃避。

公平与否的判定受个人的知识、修养的影响，外界氛围也要通过个人的世界观、价值观的改变才能起作用。

亚当斯认为，当员工发现组织不公正时，会有以下六种主要的反应：改变自己的投入；改变自己的所得；扭曲对自己的认知；扭曲对他人的认知；改变参考对象；改变目前的工作。

公平理论的基本观点是：当一个人做出成绩并取得报酬以后，他不仅关心自己所得报酬的绝对量，而且关心自己所得报酬的相对量。因此，他要进行种种比较来确定自己所获报酬是否合理，比较的结果将直接影响今后工作的积极性。比较有两种，一种为横向比较，一种为纵向比较。

所谓横向比较，即一个人要将自己获得的"报偿"（包括金钱、工作安排以及获得的赏识等）与自己的"投入"（包括教育程度、所做努力、用于工作的时间和精力、其他无形损耗等）的比值和组织内其他人做社会比较，相等即认为公平：

$$O_p/I_p = O_c/I_c \qquad Q_p/I_p = Q_o/I_o$$

其中，O_p 表示自己对所获报酬的感觉；O_c 表示自己对他人所获报酬的感觉；I_p 表示自己对个人所做投入的感觉；I_c 表示自己对他人所做投入的感觉。

当上式为不等式时，可能出现两种情况：一是前者小于后者。他可能要求增加自己的收入或减少自己今后的努力程度，以便使左方增大，趋于相等；他可能要求组织减少比较对象的收入或让其今后增大努力程度，以便使右方减少，趋于相等。此外，他还可能另外找人作为比较对象以便达到心理上的平衡。二是前者大于后者。他可能要求减少自己的报酬或在开始时多做些工作。久而久之，他会重新估计自己的技术和工作情况，终于觉得他确实应当得到那么高的待遇，于是产量便又会回到过去的水平了。

所谓纵向比较，即把自己目前投入的努力与目前所获报偿的比值，同自己过去投入的努力与过去所获报偿的比值进行比较，相等即认为公平：

$$O_p / I_p = O_h / I_h$$

其中，O_h 表示自己对过去所获报酬的感觉；I_h 表示自己对个人过去投入的感觉。调查和实验的结果表明，不公平感的产生绝大多数是由于经过比较认为自己目前的报酬过低而产生的；但在少数情况下，也会由于经过比较认为自己的报酬过高而产生。

公平理论表明，对大多数员工而言，个人对公平性的感知不仅受到绝对报酬的影响，还受到相对报酬的影响。这为我们认识员工的激励问题提供了又一思路。需要说明的是，在大多数工作环境中，报酬过高带来的不公平对行为的影响并不显著。很显然，和低报酬带来的不公平相比，人们更能容忍甚至喜欢报酬过高带来的不公平。另外，并不是所有人都对公平敏感。

过程型激励理论试图发现用于解释激励行为的普遍过程。这类理论聚焦于过程而非具体的激励内容，因此较之内容型激励理论而言，具有更广泛的适用性。

三、激励理论在营销团队管理实践中的难点

内容型激励理论与过程型激励理论是相互联系和相互补充的，它们分别强调了激励的不同方面。内容型激励理论告诉我们人有哪些需要，并认为激励就是满足需要的过程。过程型激励理论告诉我们，把实现企业目标与满足个人需要统一起来有助于使员工出现企业所希望的行为，并通过强化物的刺激使员工的良好行为持续下去。

根据内容型激励理论与过程型激励理论，如果一个企业能准确地找到

每一个员工的主导需要，并且找到最恰当的激励手段和激励方式，引导每一个员工的主导需要，使之与企业的目标相一致，那么员工的需要便得到了满足，企业目标也得到了高水平的实现。就企业和员工而言，这是一个双赢的结果。但在激励理论的现实应用方面，我们会发现以下难点：

（一）员工的主导需要很难确定

主导需要是一个情景变量，其影响因素是比较多的，归纳起来有个体的特性因素（即个性因素）和环境条件因素两类。其中，个体因素是由人的教育背景、性格特点而决定的；而环境条件因素是由个人对社会资源的占有情况决定的。而且，在一定的时空范围内，随着个人对社会资源占有量的变化，其主导需要也会发生变化。例如，一个以追求自我价值实现为主要需要的企业家，在被绑架的条件下，其主导需要会转向对安全的需要。因此，主导需要的确定是一个相对困难的过程。

在现实生活中，或者说在实际工作中，人们同时具有多种需要，所以影响人行为的因素是多种多样的。一个团队在激励员工时，如果仅仅寻求主导需要而不考虑其他因素，那么效果势必不太理想。另外，团队的一个本质特点是群体性，也就是说团队是由多个人组成的集合，因而必然具有群体的特征，也必然具有社会群体的统一需要，这样就会形成团队的群体需要，同时又存在作为群体的个体需要。可见，在团队运作中，要确定每一个成员的主导需要，还要确定团队群体的主导需要，其难度可想而知。

（二）员工需要的多样性

假设找到了每一个员工的主导需要，这些主导需要受环境和团队个体成员的特性的影响，必然存在较大的差异。但是在特定的时期，面临特定的营销环境，团队的战略、目标是确定的，这也就决定了团队希望其成员的行为亦为确定的。如何保证由员工的主导需要所引发的团队成员行为与团队期望的行为一致，即激励的方法方式问题是一项系统而又细致的工作，包括了目标设置、奖酬设计、绩效评估、过程控制等，其中任何一项中某一细节的不完善都可能导致激励效果降低，甚至造成激励完全无效或出现相反的行为，进而必然影响团队目标的达成。另外，每一个团队都面临一个共同的问题，即资源的相对稀缺性。由此决定了每一个团队都要尽可能地降低激励成本，最基本的底线是激励所产生的成本必须小于其为企业带来的收益。因此，有效激励、控制激励成本成为目前所有团队面临的一个比较困难的问题。

（三）团队激励理论缺失

无论是内容型激励理论还是过程型激励理论，或者这些理论在得到进一步研究后的分支，其研究的基础都是个体心理学，其研究的对象都是个体，即研究如何对企业中的个体进行激励，最终会形成团队内部个体之间的不健康竞争，从而在一定程度上削弱团队的整体能力。可以有这样一种设想：团队内部的个体激励越充分，个体间的竞争就越激烈，在这种情况下，必然会进一步加深团队期望行为与团队成员行为的不一致或者不协调，从而对团队目标达成的影响越大。纵观整个激励理论，均未曾涉及如何对整个团队进行激励。系统论告诉我们，个体最优并不等于整体最优，每一个成员都得到充分激励的团队并不一定是业绩最好的团队。在现实工作中往往是团队的整体业绩决定团队的效益，从而进一步决定整个企业的生存和发展。因此，如何激励团队，如何才能更好地发挥团队的整体优势，才是现实中企业需要解决的问题。

第二章　营销团队与激励机制

一、团队

20世纪70年代，丰田、通用食品、沃尔沃等企业开始把团队引入其生产过程中，并取得了显著成效。从此之后，团队成为管理学研究的热点。团队出现的最初目的是降低某一部门运行的成本，解决一些单个部门无法解决的问题。后来，其逐渐被应用到企业运营的各个方面。

（一）团队的界定

所谓团队，是和群体相对而言的概念。理论界关于团队的定义比较多，总结起来，团队通常具备以下几个特点：其一是群体性。即团队是多人的集合，无人则不可能存在团队，且团队必须由两个或者两个以上的人组成。其二是团队的目的性。团队都是基于特定目的成立的。这也是团队存在的基础，是团队成员努力的灯塔、前进的方向。没有目标，这个团队就没有存在的价值。没有目的的一群人只能成为群体，而不能称为团队。另外，团队的目标必须跟组织的目标一致。此外，还可以把大目标分成小目标，并将其具体分配到各个团队成员身上，大家合力实现这个共同的目标。其三是层阶性。团队中最起码存在团队成员和团队领导两个层级。团队领导的职责就是营造和谐的团队氛围，制定并分解团队的目标，合理分配资源，监督团队成员的工作以及考核这些成员的工作结果。其四为团队内部的协作性。成立团队的根本原因是完成个体无法直接完成的任务。也就是说，团队成员间需要相互协作、共同努力，以完成相应的目标，故而团队成员具有一定的互补性。基于以上认识，团队可以界定为以实现一定的目的而相互协作的人所构成的组织。

（二）团队的分类

一般情况下，可以按照团队的目的，把团队分为问题解决型团队、自我管理型团队以及多功能型团队。

1. 问题解决型团队

企业是由部门组成的集合。部门在运行的过程中，总是会遇到各式各样的问题。问题型团队便是为了解决这些问题而产生的。由此可以得出问题解决型团队最基本的特征：团队成员来自同一个部门。刚开始是为了解决企业生产过程中的质量问题或者生产效率问题，一般一周之内，团队成员会抽出几个小时提出各自面临的问题，或者就该问题提出建议。问题解决型团队一般没有决策权，只有建议权。这在一定程度上限制了团队能力的发展，也降低了解决问题的效率。

2. 自我管理型团队

问题解决型团队虽然能取得一定的效果，但是由于团队成员的决策权受限，所以在调动团队成员的积极性方面仍然有一些不足。基于此，企业开始寻求新的团队——自我管理型团队。自我管理型团队最大的特点就是团队权力扩大，甚至会出现完全的自我管理。团队可以决定工作的任务，在团队成员间分配工作任务，决定休息时间，对团队工作的结果进行自我评估。有些团队还可以决定团队成员。由此可见，在自我管理型团队中，团队领导的作用得到了很大程度的削弱，或者说团队整体在很大程度上承担了团队领导的部分工作内容和职责。

3. 多功能型团队

其实，多功能型团队早在 20 世纪 60 年代便已出现。为了有效地研究 360 系统，IBM 就曾组建过多功能型团队，只是到了 20 世纪 90 年代初，才在各个企业特别是汽车生产企业中频繁采用，以完成复杂的任务。其最大的特点就是团队由企业中各工作领域内同一层级的员工组成，这样的成员构成方式有利于团队内部激发出新的观点，从而完成复杂的任务。多功能型团队主要应用于解决复杂的问题，所以往往需要耗费大量的时间，于是表面上看起来效率不高。

二、营销团队

营销团队是指由多个营销人员通过相互协作，为了完成一定的营销任务、实现一定的营销目标所组成的组织。由此可见，首先，营销团队是一个由营销人员构成的组织，而且一般是正式组织，所以拥有正式组织的结构，存在团队领导和一般的营销人员；其次，营销团队有自己的营销目标，这个目标可以将营销团队的成员牢牢地凝聚在一起；最后，营销团队往往有着高效而流畅的沟通，这样有利于营销团队实现其目标。

三、激励机制

根据激励理论激励企业员工可以调动员工的工作积极性。但这是一个相对独立的过程，即可以某次或者说在某段时间内调动起某一些员工的工作积极性。而企业需要的是将员工的工作积极性长久地保持在一个较高的水平，所以企业对员工的激励是一个系统的、周而复始的过程，即需要通过一套完善的激励机制来完成。

机制原指机器的构造原理、功能及相互联系，后移用于生物学和医学并延伸到社会科学。然而，理论界对机制这一概念至今没有完全认同的确切定义，但普遍认为其指的是一个系统的构成因子间的启动—传动—联动—制动—反馈—调整—再启动的有机传导和制约关系。激励机制是指企业中激励主体通过激励因素或激励手段与激励对象相互作用的关系总和，也就是激励的内在关系结构、运行方式和发展演变规律的总和。激励机制包含以下几个方面的内容：

（一）诱导因素集合

个人加入团队是因为团队能提供个人所需要的各种奖酬，而这些奖酬就成为产生某种行为的刺激因素，组织便可将这些刺激因素作为引发员工符合期望的行为的诱导因素。因此，诱导因素就是用于调动企业员工积极性的各种奖酬资源。对诱导因素的确定，必须建立在对个人需要进行调查、分析和预测的基础上，然后根据组织所拥有的奖酬资源的实际情况设计各种奖酬形式，包括各种外在性奖酬和内在性奖酬（通过工作设计来达到）。需要理论可用于指导对诱导因素的确定。

具体而言，诱导因素一般包括以下几个方面：

1. 能力因素

这种诱导因素在员工的整个成长生涯中都起着很大的作用，特别是对刚毕业的大学生而言，对其影响的效果尤为明显。一般而言，在满足员工的需要时，不可能每一个层次的需要都全部得到完全满足，只要满足其部分需要，或者满足到一定程度，作为经济体的员工个体就会转向追求其他方面的需要。故而，可以通过组织适合该阶段需要的培训激励以及安排合适的工作内容等不断提升员工的个人能力，从而在一定程度上满足其成长的需要，增加其职业的稳定性与安全性。举个例子，培训激励是对年轻员工较有成效的一种激励方式，因为通过培训，不但可以提高员工的能力，为其承担更大的责任、更高挑战性的工作打下坚实的基础，也为年轻员工晋升到更重要的岗位创造了条件。

2. 工作因素

根据中央民族大学管理学院申连喜教授的观点，如果工作符合个人的兴趣爱好、包含丰富化的工作内容、富有挑战性、富有成就感、工作内容能够兼顾到个人的职业发展，那么工作本身就可以设置为激励的诱导因素。这些因素吸引团队成员自觉地投入工作当中，把工作过程当作一种享受，从工作本身获得欢愉的体验和自我价值的实现。这也在一定程度上要求团队采取灵活的派工方式，让团队成员从事其最喜欢的工作或自主选择工作，从而大大提高工作效率。但这种方式对团队领导者的要求较高，需要其了解团队成员的工作兴趣和各自的特长，并具备良好的工作掌握能力，只有这样才能保证工作内容激励发挥应有的作用。

3. 经济性因素

经济性因素包括团队付给其成员的各种薪酬与经济性奖励，但不同的人对奖酬的需要不同，且同一奖酬对不同的团队成员来说也具有不同的意义。对经济情况不太理想的团队成员而言，金钱就意味着生活的稳定和情感的保障；对追求权力的团队成员而言，金钱在一定程度上代表了权力；对追求成就的人而言，金钱是对其成就大小的一种衡量尺度；对追求生活安逸的团队成员而言，金钱既是这些团队成员舒适生活的保障，也是其实现舒适与奢侈生活的一种手段。为了满足不同团队成员对奖酬内容的不同需要，团队可以列出奖酬内容的清单，让成员自己选择。不过团队成员对这些奖酬资源的获得须与他们的工作业绩相关。除了经济性诱因之外，组织提供的个人锻炼和发展机会、带薪休假时间等，都可以成为极具吸引力的诱导因素。

4. 精神因素

一般情况下，人的需要可以分为物质需要和精神需要，并且随着物质的丰富、生活水平的提升，精神需要在人的需要中所占的比重越来越大。根据马斯洛的需要层次理论，人们在物质需要得到一定满足后就逐渐转向对精神需要的追求之路。我国经过40多年的高速发展，基本上解决了温饱问题，从另一个角度讲，就是我国人民对精神的需要越来越强，所以精神因素作为激励诱导因素的作用越来越明显。这主要表现在两个方面：其一是营销团队的员工越来越注重精神奖励的重要性，即口头奖励能让营销团队的成员在心理上得到极大的满足；其二是现在逐渐步入职业生涯的95后，甚至00后，由于没有经历过物质匮乏的时代，因而更加关注精神的需要。这就决定了在设定营销团队激励的诱导因素集合时，要更多地关注精神方面的一些要素。

（二）行为导向制度

所谓行为导向制度，是指团队对其成员所期望的努力方向、行为方式和应遵循的价值观的规定。在组织中，由诱导因素诱发的个体行为可能会朝各个方向发展。也就是说，这些团队成员的努力行为，并不一定是组织期望的行为，也不一定都指向组织目标。另外，团队成员的价值观也不一定与团队的价值观相一致，从而不可避免地造成团队成员与组织的期望行为出现偏差。这些都要求团队在成员中间培养主导价值观。这些行为导向一般必须注重全局观念、长远观念和集体观念，让这些观念引导团队成员的行为为团队目标的实现而服务。勒波夫博士在《怎样激励员工——奖励：世界上最伟大的管理原则》一书中说，奖励是世界上最伟大的原则。勒波夫博士认为，在奖励的驱使下，人们往往会把工作做得更好。在有利可图的情况下，每个人都会把事情干得更漂亮。勒波夫博士在书中列出了企业应该奖励的10种行为方式，分别是：①奖励那些彻底解决问题的，而不是仅仅采取应急措施；②奖励冒险，而不是躲避风险；③奖励使用可行的创新，而不是盲目跟从；④奖励果断的行动，而不是无用的分析；⑤奖励出色的工作，而不忙忙碌碌的行为；⑥奖励简单化，反对不必要的复杂化；⑦奖励默默无声的有效行动，反对哗众取宠；⑧奖励高质量的工作，而不是草率的行动；⑨奖励忠诚，反对背叛；⑩奖励合作，反对内讧。勒波夫博士所列举的这些应该奖励的行为方式，对很多团队而言，都可作为其成员的行为导向。

（三）行为幅度制度

所谓行为幅度制度，是指对由诱导因素所激发的行为在强度方面的控制规则。根据弗隆姆的期望理论，对个人行为幅度的控制是通过改变一定的奖酬与一定的绩效之间的关联性以及奖酬本身的价值来实现的。根据斯金纳的强化理论，按固定的比率和变化的比率来确定奖酬与绩效之间的关联性，会对员工行为带来不同的影响。前者会带来迅速的、非常高且稳定的绩效，并呈现中等速度的行为消退趋势；后者将带来非常高的绩效，并呈现非常慢的行为消退趋势。通过行为幅度制度，可以将个人的努力水平调整在一定范围之内，以防止一定奖酬对员工的激励效率的快速下降。

（四）行为时空制度

它是指奖酬制度在时间和空间方面的规定。这方面的规定包括特定的外在性奖酬和特定的绩效相关联的时间限制，员工与一定的工作相结合的时间限制，以及有效行为的空间范围。这样的规定可以防止员工的短期行为和地理无限性，从而使所期望的行为具有一定的持续性，并在一定的时间和空间范围内发生。

（五）行为归化制度

行为归化是指对成员进行组织同化和对违反行为规范或达不到要求的行为进行处罚和教育。组织同化是指把新成员带入组织的一个系统的过程。它包括对新成员在人生观、价值观、工作态度、合乎规范的行为方式、工作关系等方面的教育，使他们成为符合组织风格和习惯的成员，从而成为合格的组织成员。关于各种处罚制度，要在事前向员工交代清楚，即对他们进行负强化的前提是组织成员明了组织制度。若违反行为规范和达不到要求的行为实际发生了，在给予适当的处罚的同时，还要加强教育。教育的目的是提高当事人对行为规范的认识和行为能力，即再一次的组织同化。所以，组织同化实质上是组织成员不断学习的过程，对组织具有十分重要的意义。

激励机制是以上五个要素的总和。其中，诱导因素起到发动行为的作用，后四者起导向、规范和制约行为的作用。一个健全的激励机制应完整地包括以上五个方面。只有这样，企业才能进入良性的运行状态。

四、营销团队激励中存在的问题

激励有助于激发和调动员工的工作积极性，也可以将员工的个人目标导向实现组织目标的轨道，还可以增强组织的凝聚力，促进组织内部各组成部分的协调统一。但所有的激励都要有一定的根据，这个根据就是被激励对象对各项考核目标的完成情况，即绩效考评的结果。营销团队现阶段一般将激励集中在德、能、勤、绩四点上。这四点又按照考评的难度分为两个方面：一方面是团队成员的德、能。相对而言，考核这二者有一定的难度，因为营销是一项非常复杂的工作，营销的结果往往是营销团队或者成员多方面努力的结果，很难具体确定到某一项能力或者品德上，而且有效的营销行为往往要针对不同的营销对象采取不同的营销策略；另一方面是勤、绩，只看统计的结果即可，但是也存在一个问题。即营销行为归根到底是一种在产品的基础上处理人际关系的行为，这就决定了营销人员工作的效果不一定在八小时工作时间以内。其实从事过营销工作的人都明白，决定营销效果的工作往往是在这八小时之外。在营销界有一句得到大部分人认可的话："营销人员的办公室在市场上。"这在一定程度上给营销人员的考核造成了一定的难度。

在很多营销团队中，营销人员的品德、能力这类评估指标基本上停留在纸面上。这是因为品德、能力属于定性化的指标，定性化指标自然无法避免造成评估者判断的主观随意性，在一定程度上失去了绩效评估的公正性与有效性。另外，这些定性化的指标似乎对公司并没有带来显著的经济效益。因此，随着时间的推移，其在营销团队绩效考评的地位越来越低，最终成为没有实际作用的空文。美国著名管理学家杜拉克在谈到激励人才时指出，人的品德本身并不一定能成什么事，但是一个人在品德方面如果有缺点，则足以败事。可见品德方面的考评是绩效考评必不可少的组成部分。所以，公司通过对好品德的奖励告诉员工：公司期望员工应具备何种品质。毕竟因为忽视品德而给公司带来的损失可能非常大。

目前很多营销团队对于其成员进行激励的依据实际上只有出勤率和业绩。奖励出勤率高、业绩好的营销人员，惩罚出勤率低、业绩差的营销人员。这是很多营销团队进行激励的主导思想。另外，由于营销行业人员流动特别频繁，团队为了降低因成员流失带来的损失，也为了降低激励成本，在激励过程中往往是正激励过少、负激励过多。这样做的好处是可以将营销人员的行为限制在公司期望的范围以内，而且罚款可以节约公司成本。其缺点有二：一是造成员工情绪低落，怕犯错误，工作上不求有功，但求无过；二是营销人员对团队要求自己应采取何种行为感到迷惘，因为公司只是限定了营销人员的行动范围，却没有指明行动的方向。

人的需求可以分为物质方面的需求和精神方面的需求，因此，激励归根到底只能聚焦在物质和精神两个方面。但是在现实中，很多营销团队将其简化为三点：一是工资实行低薪加提成的方式，回款越多，提成越多，但是提成的比例随着回款量的增加而降低（此点有打击先进、鼓励落后之嫌，也使一些营销人员为了增加提成而将本月能回的款拖到下个月）；二是对每月回款的前三名予以额外的奖励；三是在某月回款量特别好的情况下对整个营销团队予以培训奖励，但是必须在工作时间以外择时进行，往往是在周末或者工作日的下班时间。由于占用的是员工的业余时间，因此大部分员工认为是对他们的惩罚，而非奖励。

总之，在现实的营销团队激励中存在的问题还表现在以下几个方面：

（一）在营销人员的招聘指导思想上存在误区

由于对营销岗位工作内容的认识不足，或者是对营销人员的岗位职责认识不到位，很多营销团队在人员招聘指导思想上存在误区，认为营销人员必须吃苦耐劳，营销人员必须能说会道，营销人员必须性格外向等。其实这些是对营销人员表象化的误解，并没有真正地理解营销工作的核心。

首先，我们来看看对营销人员必须能够吃苦耐劳的要求的合理性。营销人员经常遇到挫折，而营销培训师在培训员工时会说道："你不敲门时，成功的概率为零，你敲了门就有百分之五十的可能成功。"这听起来似乎很有道理，但是在实际的营销行为或营销工作中，那扇门是比较难敲的。第一，在这个商品过剩、电商为王的时代，无选择地敲门推销，即使客户开了门，接受你提供的产品或服务的人也少之又少；第二，没有对客户进行充分的分析，即使对方有购买的意愿，也很难打动对方产生购买行为。所以，营销人员经常碰壁，经常性地处在挫折之中。于是，抗挫折成为营销人员最重要的特质。时下的年轻人，特别是一部分来自农村的年轻人，他们一般都能吃苦，但自尊心极强，不愿受气，也经不起挫折，离一个合格营销人员的要求相距较远。基于以上分析，将能否吃苦作为成为合格的营销人员的必要条件似乎不太准确。

其次，再看看营销人员必须能说会道、性格外向这一要求的合理性。笔者记得，以前路边的书摊上卖得最多的就是营销类书籍，如《最伟大的推销员》《哈佛推销书》等，不胜枚举。这些书的核心观点之一就是营销人员要能说会道、性格外向，但是做过营销工作的人都知道，营销的核心是传递真诚，让客户相信你。举个简单的例子，有的营销人员在与客户会面时夸夸其谈，客户甚至都插不上嘴，这很容易给客户留下一种不实在的感觉，客户自然不会接受这名营销人员的观点，也就谈不上接受其产品或者服务。

（二）激励方式过于单一，且激励强度和激励弹性不足

激励是激发人的行为动机的一个异常复杂的心理过程，方式方法非常重要。成功的激励措施在尽量减少激动成本的条件下，会大幅度地提高激励对象的工作积极性；而失败的激励措施往往使企业费事费财，激励效果也不尽如人意，甚至降低员工的工作积极性。

1. 激励方式过于单一

很多营销团队的激励方式过于单一，其表现形式包括：第一，激励方法过于固定。激励应该是一个动态变化的过程，其激励的最终效果因激励环境、激励对象、激励频率、激励需求的不同而各异。因此，激励效果是一个因变量，激励相关因素的变化也必然要求激励方式随之改变。第二，激励诱导因素在面对不同的营销团队成员、不同的时期、不同的环境时是不同的，但目前很多营销团队往往对这一点不够重视，最终导致激励效果不能令人满意。

根据内容型激励理论，营销团队成员的需要是多样的，有的认为有五层，有的认为有三部分。这也就是说，除了单一的物质激励之外，团队成员还有权力、交往、安全、自我实现等方面的需要。这些需要都不是单纯的物质能够满足的。营销团队想月单一的物质来满足所有的需要，显然是不现实的。

2. 过于看重金钱激励

我国经过 40 多年的高速发展，整个社会已经发生了翻天覆地的变化。正步入工作岗位以及逐步成为团队骨干的年轻人大都没有经历过物资短缺的年代，如果采用单纯的金钱激励的方式刺激他们，效果一般太理想。例如，现在的大学生找工作，除了关心工资之外，也会询问加班情况。这传

递出一个非常重要的信息，就是青年一代更看重生活质量。对于那些经常出差的营销团队成员而言，他们更希望有多一些的时间陪陪家人或自我放松。他们认为追求金钱的目的就是享受更好的生活，而非积累财富。所以，对于很多营销团队成员而言，纯粹的金钱刺激不会对他们有太大的作用。而且经常性的纯粹金钱刺激可能会增加激励成本，在一定程度上加大了整个企业的运行成本。由此可见，营销团队欲最大化地激励员工，就必须充分了解和尊重团队成员的需要，不能一味地通过金钱来刺激。

3. 激励强度和激励弹性不足

从现实情况来看，营销是个灵活性很大的行业。一方面，上班时间很难固定在八小时之内，这就决定了营销团队成员的工作要随客户的需求而定，进一步决定了营销团队成员的工作量成为考核的难点，或者说难以准确考核；另一方面，在营销费用的使用上，营销团队对其的把控难度较大，费用明细制定太细、限制太死会降低营销团队成员的积极性，从而导致整个团队的营销效果下降。而且，营销团队成员虚报各种费用，不仅会造成营销费用过高，影响营销团队的效益，同时会给营销团队成员营造一种把自己利益凌驾于团队整体利益之上的氛围，不利于整个营销团队的建设。基于以上原因，很多营销团队制定激励措施时有意识地降低激励的强度。这造成了目前营销团队中常见的一种现象：团队成员激励不足，工作积极性不高，进而引起营销团队业绩下滑或者保持在一个较低的水平，甚至引起整个企业产品积压，资金周转困难。

激励方式过于单一，过于看重金钱激励，且激励强度和激励弹性不足，还会造成以下问题：

首先，激励效果下降。激励过于强调物质的原因是假设人是"经济人"。我们都知道，在企业管理中，于某些方面假设员工是"经济人"是必需的，比如在制定企业的规章制度时。但是，激励过程非常复杂，激励的针对性是激励能否达到理想效果的关键，而且激励的效果是受被激励对象的个性特征和环境条件因素制约的。因此，"复杂人"假设显然在激励实践中要优于"经济人"假设。单一的物质激励造成负面效应是激励效果弱化的表现。营销人员效率低下，是因为有时企业所给的并非营销人员所需的。另一方面，公司的激励成本上升，但营销人员的工作积极性却难以同步增长，于是不可避免地会出现激励的边际效应递减。

其次，营销人员产生拜金主义。激励是团队营销人员前进的指挥棒，单一的物质激励会增加营销人员对物质的追求，不利于营销团队的全面发展。而且根据克雷顿·阿尔德佛的"ERG"理论，人的三种需要（生存需要、相互关系需要和成长需要）对某一个人而言可能会同时存在。也就是说，激励要达到理想的效果，就必须提供全方位、多渠道的激励。从心理学的角度来看，人的欲望是无止境的，单纯的物质激励加深了员工对物质追求的欲望，在没有物质激励的情况下就不能很好地工作，不利于团队战斗力的凝聚。物质激励只有和精神激励相结合，才能使激励的效果更加长久。

最后，不利于对营销人员工作积极性的调动和营销人员综合素质的提高。仅仅以回款作为考核营销人员业绩的指标，会造成营销人员把主要精力放到回款上，而不是投入发展网络、开拓市场、策划好的市场营销方案中。这必然人为地增加营销团队内部的不良竞争。同时，急功近利的思想容易造成市场萎缩，因为营销人员会将工作的重点放在如何想方设法增加回款上，而忽视基础市场的开拓与维护，从而影响了企业的长期利益。这也不利于全面提高营销人员的综合素质。只以回款一项指标来考核营销人员的业绩，营销人员成为单纯的催款人员，不注重市场调研和自身学习，

其业务水平也难以提高。

（三）考评过于注重结果，忽视对过程的激励

绩效考评以结果为导向，更有甚者将营销团队成员的绩效考评指标简化为一条，即回款额，这是很不合理的。长期忽视对过程的激励，会造成以下弊病：

1. 降低整个营销团队的凝聚力

团队的凝聚力是团队的生命，是团队战斗力的基础和核心，没有凝聚力的团队只能叫群体。因此，维护团队的凝聚力是团队管理者的重要职责。影响团队凝聚力的因素是比较多的，比如团队加入的难度、成员在一起的时间、外部威胁等，但最基础的因素还是公平公正的薪酬体系。

从营销学的角度讲，市场＝人口×购买能力×购买欲望。从公式中可以看出，影响市场大小的因素有三个。其一是人口。在实际的营销工作中，因为营销团队市场区域的划分是以行政区域为基础的，所以各区域市场存在客观差异。比如，有的区域人口密度大，有的区域人口密度小，从而导致面积相同的市场区域，人口总量不同，市场大小不同；在现实中，有的区域整体经济水平较高，有的区域整体经济水平较低。一般情况下，经济水平较高的地区的购买力和购买欲望较强。也就是说，即使是人口总量相同的区域，市场的大小也会不一样。而考核营销团队的成员大多情况下是以回款额为依据，这就在客观上导致营销团队成员分配上的不平衡，最终导致效益好的市场人们趋之若鹜，效益差的市场无人问津。再加上部分营销团队管理人员素质不高，管理者不能慎重而公正地行使权力，全凭个人喜好，从而导致了在市场分配中的亲疏有别，打击了某些营销人员的工作积极性，进一步影响了整个营销团队的业绩，降低了整个营销团队的凝聚力与战斗力。

2. 厂家和经销商难以合理配置资金

单纯以回款指标作为考核营销团队成员业绩的主要方式，导致营销团队成员只重视短期的回款额，不愿意花费精力在市场的培育上，长此以往会造成两个结果：其一是企业市场不断萎缩。因为市场营销工作中很重要的一部分就是不断地开拓市场、维护市场，但是营销团队成员在考核时只看重回款这项指标，只注重短期效益，把主要精力倾注在回款额较好的几个客户上，从而忽视对市场的进一步开拓与维护。其二是营销团队成员为了自身的利益，尽可能地采取各种方式压迫经销商或代理商，强迫他们短期回款，然后再把产品强行发给经销商，而经销商或代理商为了超额完成自己的销售配额，取得更多的经济回报，也会尽力进货，最后造成产品大批量积压。其实这样做并没有实现真正意义上的销售，只是让产品在厂家和经销商之间进行了库存上的转移，并未在整个市场上进行流通。也就是说，产品没有到消费者手上，只是积压在经销商或代理商的库房里。而且经销商或者代理商在月度之间回款很不平衡，因为任何产品都存在淡旺季，在旺季销售还比较好，但是到了淡季，厂家和经销商的流动资金压力就比较大。

3. 挫伤营销团队成员开拓市场的积极性

营销团队在制定团队成员的薪酬体系时，过分注重销售额、销售率等指标，不重视或者有意识地忽视了客户回头率、市场占有率等其他重要指标。这样的话，营销团队成员最大的目标就成了怎样提高他们自己的收入，而不是为企业整体的利益考虑。为了增加自己的收入，一些营销团队成员不考虑客户的信用度，盲目接受订单，造成营销团队难以收回货款。另外，单一的绩效指标，不利于培养营销团队成员的大局意识，营销团队成员看不到市场培育与开拓的重要性，或者不愿意培育和开拓市场，因为开拓市场在短期内不会给他们带来经济上的利益。长此以往，这会使企业的整体市场逐渐萎缩，营销团队的凝聚力日益下降。最后就是由于市场分配的不均，部分营销团队成员的业绩始终处于下游，从而打击了他们的自信，加大了他们离开营销行业的可能。

造成这些现象的原因主要有：①激励机制不能适应营销团队的现实，或者激励机制迟迟不能得到完善，即使有激励措施，也大都强调短期激励作用，却缺乏长期有效措施；②缺乏专业激励管理理论指导，营销团队运用多种激励手段对员工进行激励，激励目标不明，对象不清，需要层次混乱，内容简单，形式单一，造成激励期望与激励效果相差甚远。

（四）过分重视对个人的激励，忽视整个团队的建设

关于团队的激励，首先必须明确一个问题：考核营销团队绩效的标准是什么？无论怎么设计，其核心内容必须包括两点：其一是营销团队的凝聚力。这是保证营销团队长期战斗力的重要指标，也是营销团队之所以成立的重要标记；其二是营销团队目前整体的业绩指标，这是衡量营销团队运转状况的重要依据。所以，对于营销团队的考核，不能简单地衡量团队中某一些或者某一个成员的业绩，也不能只衡量团队管理者的业绩。

在营销实践中，企业通常只奖励营销团队成员，却很少奖励整个营销团队，即使有对营销团队的奖励，也不注重团队奖励的方式方法。其实，对营销团队的奖励是非常重要的，这也是培养成员团队意识的重要方式。比如，华为设有金牌团队奖，旨在奖励为公司持续获得商业上的成功做出重大和突出贡献的团队，是公司授予团队的最高荣誉奖励。当然，对营销团队中表现卓越者给予奖励是必需的，通过这种形式的激励，可以让团队

中的其他成员了解团队希望其努力的方向，在团队运行中起到指示灯的作用。过分重视对个人的激励，会造成以下问题：

1. 导致某些成员自我膨胀

根据亚当斯的公平理论，人们往往会高估自己的投入而低估他人的努力。在团队取得较好的成绩时，团队成员一般会夸大自己的投入而下意识减少团队其他成员的投入。久而久之，部分自我认知不够清晰的团队成员会养成自大心理。也就是说，他们会认为团队取得的业绩都是自己努力的结果，轻看甚至无视其他团队成员的贡献。长此以往，这些团队成员对工作回报的期望值日益增加。如果得不到满足，这些团队成员就会到处发牢骚，从而影响了营销团队的凝聚力，或者干脆辞职；如果满足这些团队成员的要求，一方面会增加企业的激励成本，另一方面也会导致其他团队成员的不满，增加管理团队的难度。

2. 降低团队的稳定性和战斗力

特定的时间，特定的营销团队都有自己特定的目标，这些目标不一定都表现在发货或者回款上。比如，有些团队成员可能致力于市场的精耕细作，但是短期内不会给营销团队的业绩产生明显的影响，可正是这些人保证了市场的未来。由于某些区域本身条件较好，因此占据该区域的营销团队成员的业绩表现也较好，结具就是营销团队经常奖励该区域的团队成员，因为他们对整个团队的业绩贡献比较大（此处并非强调激励平均主义或者随意激励），一旦这些人跳槽，就会影响营销团队的稳定性，甚至带走团队的部分客户，进而影响到整个企业的发展。而且，过分强调对营销团队某些成员的激励，必然导致这些团队成员对其他同事的工作妄加评论，指手画脚，从而引起其他团队成员的不满。这样一定会降低营销团队的平均满意度，进而削弱整个营销团队的战斗力，不利于营销团队目标的完成。

（五）营销团队文化建设的缺失

营销团队文化是指营销团队成员在磨合的过程中形成的，为实现团队成员自身的价值，进而完成营销团队的目标的一种潜意识文化。营销团队文化以团队成员为工作对象，一般会采取宣传、培训和教育等各种方式，以最大限度地规范员工行为、统一员工意志、凝聚团队力量，为实现总目标服务。

根据多年的营销经验，笔者认为，营销团队文化建设至关重要，它是营销团队的灵魂。如果说团队规章制度的建设是维持团队正常运转的基础，是从硬性角度规范营销团队成员的行为，那么团队文化就是团队前进的方向，是从另一方面规范团队成员的行为。营销团队的规章制度是条状的，只能规定营销团队成员不可以做什么。条状的团队规章制度肯定会留下一些缝隙，这些缝隙很可能被营销团队成员利用。在一定程度上，团队文化就像填缝剂，一方面，填塞团队规章制度间的缝隙；另一方面，引导团队成员前进、行动。我国目前的营销团队文化意识还比较淡薄，很多营销团队未把团队文化建设作为协助团队成员管理的必要措施，从而使营销团队成员缺乏共同的价值观基础，在一定程度上增加了提升营销团队凝聚力的难度，进而造成营销团队成员主人翁意识不足、主动性不够，成为营销团队发展的一个瓶颈。

（六）营销团队绩效考核制度不科学

营销团队的考核机制非常重要，考核机制既能评价营销团队某一段时间目标任务的完成情况，也是评价营销团队成员的指标。其关键绩效指标，更是营销团队成员行为的指挥棒。但是，营销团队目前在考核机制上存在较多的问题。首先就是指标设置上的问题。比如，在考核营销团队成员时重结果而不重过程，有些考核指标过于笼统，有些考核指标的设计缺乏针对性等。很多企业在制定营销团队的考核指标时，往往借鉴其他企业的经验，或在仔细分析某一地区的市场特点后制定相应的营销团队考核指标，可是长久不变，难以适应市场的实际情况。其次就是考核过程不太合理。营销团队成员的考核主体应该是多样化的，但在实绩考核中，考核主体往往只包括团队管理者。这种考核方法容易导致营销团队中做表面工作成风，不利于整个营销团队业绩的提高。其不合理之处在于营销工作非常复杂，而且有些营销工作的结果不会在短期内转变成营销团队成员的业绩。最后，很多营销团队完全没有关于绩效考核结果的反馈，致使团队成员不清楚自己工作上的不足，也不利于营销团队成员业务能力的提高。再加上营销团队成员大多是年轻人，他们非常在意自己能力的提升，长此以往，可能会使这些团队成员产生离职的心思，不利于营销团队的稳定。基于以上分析，营销团队必须制定一套科学合理的考核机制，以便更好地调动团队成员的积极性与保持团队的战斗力。

笔者认为，营销团队激励是一个复杂的平衡过程，即寻求营销团队整体激励和团队成员激励的综合平衡。因为过于强调或者经常性对团队中某成员进行激励，必然会引起其他营销团队成员的不满。但是，如果不对这些业绩好的团队成员进行奖励，又难以调动营销团队成员的积极性。而单纯从整个营销团队的角度进行激励，则会造成大锅饭的弊端。当然，如果营销团队的激励项目足够丰富，这种大锅饭式的激励是一种比较好的培养营销团队凝聚力的方式。

第三章　营销团队激励机制的构建

营销团队的激励和团队成员的激励有着非常大的区别，营销团队是一个群体概念，营销团队成员本身具有分离倾向，管理稍有不善，会导致团队绩效大幅度下降。根据美国国民数字模拟半导体公司团队管理经验，领导者变更、计划不连续、裁员、管理不当、规则不连续等都会冲击团队的合力。如果缺乏有效的激励，营销团队的生命难以长久。

第一节　激励机制设计的原则与思路

一、营销团队激励机制的设计原则

所谓激励机制的设计，是指组织为实现目标，根据其成员的个人需要，制定适当的行为规范和分配制度，以实现人力资源的最优配置，达到组织利益和个人利益的一致。

（一）以人为本原则

营销团队归根到底是人的集合，人的积极性的发挥情况影响着其整体业绩水平的高低，因此必须在设计营销团队激励机制时把人的需求与人的成长作为基础。在设计营销团队的激励机制时，要体现出"以人为本"原则：其一，无论是规章制度还是薪酬设计，都要注重人的需要，以此驱动团队成员为组织服务。同时，营销团队在日常管理活动中，要想方设法提升团队成员的能力，为团队或者组织培养人才；其二，营销团队与其成员代表企业，面对的是客户，要以客户为中心，树立客户就是上帝的营销理念，真心诚意地为客户服务。营销团队只有以客户为本，才能得到客户的认可，才能在市场上不断取得胜利。营销团队只有始终贯彻"以人为本"原则，才能在行业中取得较好的声誉，才能持续地吸引优秀人才加入营销团队，从而让营销团队的战斗力长时间保持在一个较高的水平。

（二）公平公正原则

团队的绝对公平是不可能实现的，而且也没有意义。亚当斯的公平理论认为，当营销团队的成员感到不公平时，就会产生三种结果：其一是减少自己的努力，也就是说在工作中不再全身心地投入，抱着混日子的心态，长此以往，营销团队的战斗力一定会大幅度下降；其二是产生离开的想法，一旦有了这种想法，必然会产生消极怠工、积极寻求跳槽机会的行为；其三就是那些受到不公正待遇的人离开营销团队之后，可能会到处散布关于团队的负面信息，这必然在营销团队和优秀人才之间形成一道无形的屏障。所以，要让团队成员保持竞争力与进取心，就要创造一个相对公平的环境，只有这样，才能让营销团队成员积极地投入完成营销团队的各

种目标的奋斗中去。

(三)奖惩结合原则

斯金纳的强化理论告诉我们,对于符合组织目标的行为,应该通过奖励的方式加以强化;对于不符合组织目标的行为,应该通过惩罚的方式让其矫正。对于营销团队而言,团队成员的利益并不一致,这必然导致不符合组织目标的行为出现,因此,采取惩罚措施是必需的。无论是对营销团队成员的奖励还是惩罚,必须做到以下三点:其一是奖惩有据,否则必然会引起团队成员的不满,引发团队分离的风险,导致营销团队凝聚力下降;其二是奖惩方法必须灵活。很多营销团队在奖惩时只注重物质手段,方式单一且效果较差。营销团队必须采取物质奖惩与精神奖惩相结合、明面奖惩与私下奖惩相结合的方式,切记不能只奖不惩或只惩不奖;其三是奖惩要及时。

二、营销团队激励机制设计的思路

(一)团队激励与成员激励相平衡

在营销实践活动中,经常看到对团队成员个人的激励,但几乎看不到对整个营销团队的激励,这必然导致团队成员凌驾于团队之上的情况出现,非常不利于团队的发展。须知营销团队信奉团队文化,不应该鼓吹个人英雄主义,因为企业需要的是高效率的团队。但是在设计营销团队激励机制时,许多企业都希望通过激励营销团队成员而提高相互间的竞争意识,从而达到提升营销团队战斗力的目的。营销团队确实因此取得了一定的成绩,但一个不可否认的事实是这样的激励机制必然会破坏营销团队的和谐氛围，继而催生出营销团队成员间的矛盾。基于此，在设计营销团队的激励机制时，必须兼顾营销团队的激励与团队成员的激励，既激励营销团队，又激励营销团队成员，在二者之间取得相对平衡。

（二）长期目标与短期目标相结合

由于经济利益的吸引以及考核指标的导向，营销团队成员自然更重视短期目标。而从事过市场营销工作的人都知道，过分注重短期目标往往不利于市场的发展。但是在对营销团队成员的考核中，考核长期目标有一定难度，短时也见不到效果，而短期目标的考核比较简单。所以，造成营销团队考核过于注重短期目标这一现象。由此可见，在设计营销团队的激励机制时应有意识地设计一些长期目标考核的指标，以培养团队成员的大局观、长远观。也就是说，在设计营销团队成员的考核目标体系时，不能仅仅限于销售额、回款额、利润率等短期指标，还应加上市场开拓、客户拜访等长期指标，并有意识地加大长期目标考核的权重。

（三）团队协作和责任共担

营销团队成员间的互信与协作不是一朝一夕就可以培养起来的，要经过长期的磨合才能达成，责任的共担更是如此。这就要求营销团队的管理者尽可能地创造一些营销团队共享的激励方式。在进行营销团队激励机制的设计时，必须要坚持进行营销团队成果考核的分配与团队成员考核成果的分配相结合。对团队成员进行有效激励的同时，还必须注重对团队整体的激励，但不能把营销团队的考核成果在团队成员间进行二次分配，而是应将营销团队凝聚力的提升与整体战斗力的增强作为团队激励的设计思路。当然，如果营销团队的目标任务未能完成，管理者应在团队层面担当相应的责任，而不能全部推给成员。而团队成员也应承担相应的责任，不能推给团队或其他成员。只有这样，才能保证营销工作是以营销团队单元为基础进行合作的，从而实现营销团队的融合，避免团队成员间恶意的利益纷争出现。

第二节　营销团队激励机制的模块

激励机制设计的实质是要求管理者抱着以人为本的理念，通过理性且具有针对性的制度设计来规范营销团队成员行为的同时，迎合营销团队成员的需要，引导营销团队成员的行为。同时，把营销团队成员的工作积极性长久地保持在一个较高的水平，并谋求管理的人性化和制度化之间的平衡，从而达到有序管理和有效管理的目的。

一、营销团队激励中应该注意的问题

营销团队在设计其激励机制的过程中会遇到各式各样的问题，可概括为以下几种。

（一）诱导因素集合的设置的多样性

激励机制设计的出发点是实现团队的目标，要实现这一目标，就必须了解并且满足营销团队成员的个人需要。结合营销团队成员的需要，设计各种各样的外在型奖酬形式，同时结合营销工作的特点，根据人的高层次的需要，设计出对营销团队成员而言有意义的工作项目，这样就可以形成

一个诱导因素集合。通过这个诱导因素集合，引导营销团队成员的行为向着团队目标前进。这样，在满足营销团队成员的外在性需要和内在性需要的基础上，实现营销团队的目标。

（二）营销团队的目标体系的复杂性

营销团队激励机制的直接目的是为了调动营销团队成员的工作积极性，其终极目的有两个，其一是实现营销团队各个阶段的目标；其二是实现营销团队成员的成长与发展。营销团队的目标非常复杂，不同阶段有不同的目标，即使同一阶段也有不同的目标，这样就形成了一个纵向与横向相结合的目标体系。营销团队必须通过这些目标的引导作用，使团队的目标体系成为成员努力的方向。这样就可以在一定程度上动态地达成营销团队利益和团队成员利益的一致。

（三）营销团队成员行为的分散性

营销团队激励机制设计的核心是通过分配制度来引导或限制团队成员的行为，增强团队的凝聚力和战斗力。但是由于营销团队成员利益的分散性与机会主义的倾向，其行为必然是分散的，通过分配方式将诱导因素与目标体系有效地结合起来，也就是说，对于为完成营销团队目标有理的行为给予相应的奖酬，反之给予一定的惩罚，从而在一定程度上能够解决营销团队成员行为的分散性问题。但是不能采用一刀切的方式来规范营销团队成员行为，必须结合团队成员的性格、能力、素质等个性因素与外部环境的情况结合起来。

（四）营销团队激励成本的限制性

营销团队激励机制的设计一定要注意运行效益。效率是指在费用相同的两个营销方案当中，选择营销目标达成耗时较短的方案；而效益就是指在营销目标能够实现的程度相同的两个营销方案中，首先选用营销费用较低的那个方案。而决定营销团队激励机制运行成本高低的是营销团队成员激励力度的大小与其运行所需的信息。信息沟通是营销团队激励机制运行的基础，特别是在设计诱导因素集合时，需要大量的信息来确定营销团队成员的主导需求。任何企业的资源都是有限的，这就要求营销团队想办法来尽可能地降低运行成本，在达成营销团队目标的基础上，采用多种方式来降低激励成本。

二、营销团队激励机制的构成模块

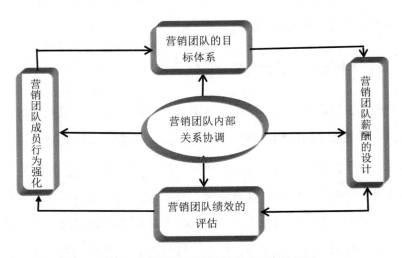

图 3-1　营销团队激励机制构成要素关系图

激励理论认为，组织成员间的合作经常被部分成员的机会主义行为所破坏，而建立有效的激励机制能减少这种不良行为。激励理论把营销团队看成联系不同个体的节点，以为团队成员是规避风险、自私自利的，团队经常处于目标不一致（即团队的目标与成员的目标不一致）、信息不对称

（即团队管理者拥有的信息比成员的少）的状态。因此团队管理者需设计激励机制，用来协调成员的行动，以确保团队目标的实现。营销团队的激励机制由以下 5 个模块构成，即营销团队目标体系、营销团队薪酬设计、营销团队绩效评估体系、营销团队激励的强化约束以及营销团队内部关系的协调体系，其关系如图 3-1 所示。

第一，营销团队的目标是由企业的营销目标分解而来，再结合营销团队成员的主导需求，考虑不同行业的实际情况不同，不同企业的情况不同，因而没有一个统一适用的目标体系，这就需要不同的营销团队按照自己的具体情况来设计。第二，根据营销团队目标体系，灵活地设计出最能激励营销团队及其成员的薪酬体系，同时这个薪酬体系能准确地反映营销团队及其成员的业绩。第三，根据营销团队评估周期内的业绩情况予以约束条件下的奖励，还可以根据营销团队绩效评估的结果来检测薪酬设计的科学性与适用性。第四，为营销团队的内部协调体系作用于以上各个阶段的各个环节，起到黏合剂与润滑剂的作用，使营销团队内部能够有序和谐且充满凝聚力，营销团队对外充满战斗力。如此，营销团队便成为一个持续良性运行的有机整体。

（一）营销团队目标的明确

清晰明确的目标是营销团队激励的第一步。根据爱德温·洛克的目标设置理论，指向一个目标的工作意向，是工作效率的主要源泉。目标告诉营销团队成员需要朝哪个方向努力、做什么努力以及做出多大努力。明确而清晰的目标能够提高营销团队的工作绩效。孙武在《谋功篇》说道："上下同欲者胜。"意思是营销团队的管理者、成员，只有在明确了团队目标以及成员目标的条件下，心往目标的方向想，劲往目标的方向使，为实现既定的目标而不懈地努力，才能有所收获。因此，明确团队目标以及成员目标是非常重要的，是营销团队高效的基础与前提。

对营销团队成员最大的激励是什么？当然是营销团队成员每完成一项销售任务之后，能够清晰地看到自己对营销团队目标的贡献在逐步地增加，同时个人目标也在一步步地接近。营销团队目标的明确其实是一个诱导营销团队成员行为要素的集合，但是它不是将营销团队成员的需要简单地堆积在一起，而是在真正了解营销团队成员的动机和需要的基础上，寻找团队成员的主导需要，再结合营销团队的任务目标，考虑该团队所在地区的风俗文化的基础上而制定的一系列目标体系，这些目标体系和营销团队成员的需要紧密结合。营销团队目标的明确可以分四步来进行。如图所示。

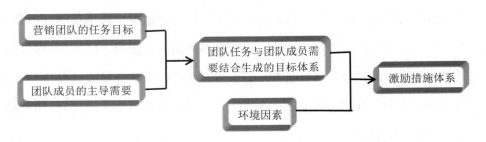

图 3-2　营销团队明确目标示意图

第一步：了解营销团队成员的动机和需要。

这是制定营销团队激励措施的起点和基础。人的行为的诱发必备的先决条件是个人内在的需要。人的内在需要必然会受到所处区域的风俗人情和经济水平的限制，比如身处甘肃天水的营销团队的基本薪酬是 5000 元/月左右，而在广东不会少于 8000 元/月，否则难以留住优秀的团队成员。所以，只有考虑营销团队所在地区的现实情况，并结合当地的风土人情，才能制定出具有较强针对性的激励措施。

不同行业的营销特点不同，有的行业销售周期较短，有的行业销售周期较长；而有的的行业单位产品价格较低，有的产品单位产品价格较高，这就决定了其营销团队成员的主导需要也会存在差异。

　　营销团队成员的个人需要非常复杂，有的营销团队成员追求更高收入，有的追求晋升机会，有的追求成就感，而刚刚毕业的大学生更注重培训学习机会，已经获得了一定成功的营销团队成员则可能倾向于提升社会地位或者维系人际关系，无暇顾及家人，等等。这是因为不同职业生涯阶段的营销团队成员追求的目标不同，或是处于同等层次的营销团队成员，由于家庭出身、教育背景和生活经历的不同，加上年龄层次的不同，这些团队成员需要的侧重点难免有差异。因此对每个营销营销团队成员而言，各种需要的强度以及需要的类型在不同阶段和职业生涯的不同发展时期不尽相同。这就要求营销团队应对其团队成员的需要进行细致的分析和认真的研究，确定哪些需要占主导地位，从而找到激励这些团队成员的切入点。只有针对营销团队成员需要的特点，对其最强的需要进行刺激，才能对营销团队成员产生最强的激励。

　　第二步：明确并细化营销团队的目标。

　　营销团队的任务目标，不同的阶段是不一样的，或者侧重点不一样。但是在特定的阶段，营销团队的任务目标一般是从企业处分解而来，可以在时间和空间两个方面来分解。就空间分解而言，经常可以将营销团队的任务目标分解为：关于销售额的、关于利润率的、关于市场占有率的、关于品牌推广的、关于企业形象的、关于市场开拓的、关于市场维护、关于货款回收的、关于库存处理的，关于市场推广的等，由此可见，营销团队的目标是很复杂的。但是须注意两点，一是有一些任务目标的指标是定性化的，必须使之定量化，实在难以定量化的，就需要程序化来保证任务完成的质量，以便于考核。二是这么多的任务目标，很难同时兼顾，这就要求营销团队根据实际情况，针对性地解决紧迫而重大的营销问题，所以必须确定营销团队当前的主要目标并且紧抓不放，这样才能保证目标不会偏离；就空间分解而言，必须将营销团队的任务目标划分为当前、短期、中期和长期目标，因为这些任务目标经常是从公司的整体战略目标分解而来，从而不可避免地带有过于笼统的弊端，必须将这些目标在时间轴上加以细化、量化，从而形成一个明确的目标体系，以便于执行。在这个过程中必须注意长期目标与中期目标、中期目标与短期目标、短期目标和当前目标的融合，尽量避免各期目标之间出现相互脱节的现象，以便杜绝当前目标完成，而短期目标未能完成，或者短期目标完成，而中、长期目标未能完成的情况。

第三步，充分考虑环境条件因素对激励效果的限制。

激励最大的特点之一就是针对性，如果失去了针对性，激励的效果将大打折扣。激励中的针对性包括以下三方面：一是制定激励措施时一定要注意在现阶段营销团队所处的地理区域，充分考虑其经济发展水平以及根据团队成员的实际状况来设计，不能为了降低激励的成本而过于注重精神激励，而且单纯的精神激励的效果难以持续，所以，精神激励必须要有物质激励来巩固才能取得较好的效果；二是制定激励措施必须考虑行业特点，比如白酒行业平季节性明显，竞争异常激烈，而化妆品行业，医药行业均利润比较高等，在制定营销团队激励措施时就必须考虑在内，否则很容易挫伤团队成员的积极性；三是要充分地考虑营销团队各个任务目标的风险性。根据弗鲁姆的期望理论，营销团队成员往往喜欢那些经过自己的努力才能够完成的任务目标，也就是说，任务目标完成的概率太高太低均不利于营销团队成员接受，所以最好就是设置一些有一定难度，但不是太难的任务目标,否则激励效果会受到影响。

第四步:营销团队成员的主导需要和团队任务目标有机的结合。

营销团队成员的目标与团队的目标肯定不一致,这是因为营销团队成员之间、营销团队成员与团队管理者之间信息不对称,以及利益主体不一致而造成的。因此,营销团队成员个人目标的实现并不一定导致营销团队目标的实现,即使团队成员行为都指向团队目标,全体营销团队成员行为的总和也并不能保证指向营销团队目标,或使团队效益最大。一旦团队的目标与其部分成员的目标之间存在难以协调的差异,那么就只有两种结果:要么就是团队面临解体的危险,要么就是这些团队成员退出。其原因是团队成员之间已经失去了合作的基础。由前面的分析得知,营销团队的任务目标是一个立体式目标体系,营销团队成员的需求也具有多样性,很可能存在营销团队目标和团队成员的目标不能一一对应,这样就存在营销团队无法满足全体团队成员,进而导致部分团队成员个人目标未能达成。当然,在一定程度上这种情况会增加营销团队内部的竞争,但是,这种竞争并不能从根本上消除营销团队目标和团队成员目标的差异性,这就要求在制定激励措施时必须紧抓营销团队的主要目标和团队成员的主导需求,在此基础上兼顾次要目标和其他需求,制定出一套全方位、有弹性、多角度的激励措施体系。

(二)营销团队薪酬的设计

1. 薪酬的实质

薪酬可以分为薪和酬两部分,所谓薪就是指用货币形式来衡量个人为组织做出的努力程度,所以薪有两个特点,其一是可以度量的,其二是用货币形式来表现的;所谓酬指的是一种在精神层面来肯定个人为组织的贡献，目的是提升成员对组织的忠诚度和归属感，其范围比较广，核心就是感谢，也就是说酬是组织感谢成员的一种方式。

就薪酬的实质而言，其是组织与其成员的一种买卖关系，组织出售的是薪酬，而其成员出售的是其才智和劳动力。当组织和个人就出售薪酬和才智劳动力达成一致时，组织和个人的雇佣关系就形成了。但是较之于薪酬的刚性，个人的才智和劳动力又有一定的柔性，这就决定了组织在一定范围以内可以规范个人的劳动形式和劳动强度，其目的是为了保证交换的公平性和程序性。

2. 营销团队的薪酬

营销团队薪酬就是组织对团队成员为组织贡献的一种报酬。从广义上讲就是将营销团队成员、营销团队的行为和业绩用货币和感谢的方式表达出来；薪酬狭义的理解是营销团队成员的行为和业绩二者与组织对其要求用货币的评价。薪酬对营销团队成员业绩和行为表现的反应越准确，则越能保持营销团队内部的和谐与稳定。因为营销团队成员能够在一定程度上控制自身的业绩和行为，从而，也就可以控制自己的薪酬水平，这样营销团队就可以利用薪酬体系的调节来控制营销团队成员，或者说在一定程度上影响营销团队成员。

营销团队的薪酬体系设计必须依据行业特点和具体的地域情况来进行，否则就失去了针对性。以白酒行业为例，在白酒行业中，每个营销团队成员实际负责的区域不同，进行不同的客户访问所发生的费用也不同。便利店较之于大型酒店与卖场而言进店门槛低、维护成本也低，因而成了酒业营销团队争夺的重点。基于利润，酒业营销团队经常分派较多的团队成员来开发与维护，便利店一般比较集中，假如乘车，相邻店之间的距离不到一站，费用较高也不方便；假如步行，体力消耗大且效率低，难以在规定时间内完成目标。另外，营销团队成员越深入市场，投入的时间和精力就越多，费用也就越高。如果营销团队的付酬体系是底薪加提成，就可能造成"奖懒罚勤"，因为如果团队成员回访的客户越少，费用越少，也就相当于变相地增加了工资。但是，市场是需要营销团队成员通过不懈的努力逐步开发和维护的，在开发市场的初期，营销团队成员付出较多，却没有立竿见影的回报，所以，长期采用底薪加提成的付酬方式就等同于迫使营销团队成员放弃开拓市场，而把更多的精力投入到成熟市场，这样会导致整个市场越做越小，营销团队的长远利益和企业的整体利益将因此受损。

3. 营销团队成员的薪酬体系的构成

企业应该根据不同的地域，不同的行业，不同的企业发展阶段，不同需求的营销团队成员以及不同的营销政策来针对性地设计出适合自己的薪酬体系。通常营销团队的薪酬体系由下面的薪酬公式转变而来。

应得薪酬＝基本薪酬＋资质薪酬＋变动薪酬＋补助＋福利和服务＋特殊奖励

为了保证营销团队的高效运转和团队市场的持续成长，营销人员的薪酬应分为六部分，即基本薪酬、变动薪酬、资质薪酬、补助、福利和服务和特殊奖励。

（1）基本薪酬

基本薪酬既是为保证营销团队正常运转，也是为保证营销团队成员体力和智力的持续投入，即补偿性薪酬。作为保证营销团队运转的基本薪酬，只要营销全队成员不迟到早退，不违背公司或者团队的规章制度，就应该足额发放。当然，很多营销团队会将基本薪酬和一定的任务量联系起来，完不成规定的任务量就会扣除一部分基本薪酬。但是，这样做不仅弊大于利，还违背了新出的公平性原则，因为营销团队成员出售自己的时间和精力，就应该得到相应的报酬，如果得不到，他们的工作积极性会被挫伤，从而降低营销团队的效率和稳定性。人作为社会消费的主体，其消费是绝对的，不管工作与否。从现代人力资源的角度讲，个人一旦加入某公司或者团队，在他没有犯错误的情况下，公司或团队就应该保证其基本的生活，也就是保证人的正常消耗，否则难以持久。由此可见，基本薪酬应在一段时间之内保持不变。

营销团队成员的基本薪酬占其总收入比重的大小，应根据营销团队的实际情况而定，一般大概占 30％。而白酒行业，由于较明显的季节性决定了营销团队成员的底薪在其总收入中所占的比重较大。因为每年 3 月到 8 月，将近半年的时间为白酒销售淡季，无论是个人还是企业，春节的存酒一般要到 3 月底才能消耗完，紧接着是天气炎热的 5 月到 9 月，大部分消费者将其目标转向啤酒、红酒或者其他饮品，从而导致白酒的销量大幅度地下降，这就决定了近半年的时间里，白酒营销团队的成员基本上是靠底薪来维持生计。如果基本薪酬过低，必然导致营销团队成员离开，影响团队的稳定性。

（2）资质薪酬

资质薪酬对营销团队的稳定性和积极性有着非常重要的作用。正如在分析基本薪酬中所讲到的，如果所有成员的基本薪酬都相同，其他方面再无差异，必然导致在公平的外衣下的实质性不公平。一方面，根据公平理论，营销团队成员在比较自己的收入和支出时，会综合考虑学历、工作年龄等因素，如果感觉到不公平，就会对营销团队产生一些负面的影响。另一方面，营销团队管理者的工作量较大，如果不在薪酬上有所体现，必然导致工作不力，难以有效地管理团队。营销工作是一个非常讲究人际技能与人际关系网的工作，而人际技能的培养、人际关系网的建立，都需要时间，所以，团队成员从事营销工作的时间就成为决定营销团队成员业绩的一个重要指标，如果在薪酬上无法得到体现，可能会影响营销团队的士气。为了避免以上情况的出现，很多企业在设计营销团队成员工资时，有意识地设计了这一薪酬，其表现形式往往是工龄薪酬、学历薪酬、职位薪酬等，以维护营销团队的稳定性，提升营销团队的凝聚力和战斗力。

（3）变动薪酬

变动薪酬，是营销营销团队成员完成规定的目标任务后所得的报酬，是其主要收入来源，在激励营销团队成员方面起着十分重要的作用。变动薪酬应根据行业销售情况、地域经济水平、营销人员平均薪酬水平以及企业的具体运行状况来设计。需要重点区分的是，变动薪酬不仅仅指能反映市场工作中可以数字化的销售额、利润额、回款额等的业绩提成，还包括难以数字化的客户满意度、客户服务质量等。

当营销团队成员的绩效标准设计得偏高时，团队成员完成90％即可享受全额变动薪酬，这有利于显示团队人性化的一面。在营销团队成员的绩效标准设计得偏低时，如果按照只有超过绩效标准（比如120％）才能全额发放，这种方法是不可取的，因为绩效标准是营销团队对其成员的一种承诺，一旦营销团队不守承诺，将会极大地破坏自身的权威性，而一旦营销团队成员失去对营销团队的信任，其工作积极性与主动性将大大降低。

在设计考核标准时，应该包含较多的指标，如回款额、客户回访率、客户对营销团队成员的评价等，也就是说，必须适当地考虑对团队成员工作行为与工作过程的考核，从而规避目前比较流行的单纯的结果考核带来的弊端，以保证团队和市场的健康持续发展。

（4）福利和服务

福利和服务在吸引和留住优秀的员工、提高员工的工作满意度、提高企业在员工心目中和社会上的形象有着非常重要的作用。福利和服务一般可以分为法定性福利和一般企业福利服务两部分。所谓法定性福利，就是指国家用法律形式规定的企业必须为员工提供的福利，包括养老保险、失业保险，生育保险、工伤保险以及医疗保险，外加住房公积金，一般称为"五险一金"。以前很多企业没有严格执行，造成营销团队不稳定。随着我国经济社会的发展，现在几乎所有的企业都为员工提供法定福利。营销工作的特殊性决定了营销团队成员经常在外奔波，这就增加了发生意外的可能，所以很多营销团队会为其成员购买商业性意外保险。由于营销团队成员工作时间的不规范性，企业应该充分考虑为营销团队成员提供相应的福利与服务，如固定的休假等，而这部分福利随着经济条件的好转对成员的激励作用越来越大，同时，还可以提供一些可以预见性服务，如法律咨询等。只有全面的、立体化的福利与服务，才能让每一个营销团队成员无后顾之忧，全身心地投入工作。

（5）补助

市场存在客观差异，不同区域市场差异较大。如同一公司的营销团队成员，有的在深圳市场，有的在甘肃市场，由于深圳的薪酬水平远远高于甘肃的薪酬水平，显然用同一薪酬方案是不合适的，最终可能会造成深圳营销团队成员的流失，在一定程度上违背了薪酬设计的公平原则。而解决这个问题可用营销补助的形式，即给深圳营销团队成员一定的补助。经常出差的营销团队成员，日常开销增加，除住宿费、交通费等之外，还有较多琐碎的公交费用、餐费，实报实销执行起来就不太现实，所以很多企业会提供车补和餐补。另外，对营销团队成员因大量地和客户联系产生的通讯费，也应该予以一定的补偿。根据赫兹伯格的双因素理论，这些补助并不见得能激励营销团队成员，但是没有的话，肯定会影响其工作积极性。

（6）特殊奖励

一般情况下，特殊激励不计入营销团队成员的收入，因为它属于额外奖励，其形式有三种。第一种为期股，即营销团队成员在工作一定年限以后作为奖励获得的企业股份，其目的是保持营销团队的稳定性。第二种是年终奖或季度奖，用来表彰在年度或季度给企业或营销团队做出了特别贡献的成员。最后一种是特别奖励，其目的不仅是调整并且规范营销团队成员的行为，使其沿着团队期望的方向前进，也是突出成员为团队整体利益所做的特别贡献，如在收集市场竞争者信息有较大的贡献，在分析客户心理上有较大成就，为企业带来较大经济利益，等等。特殊奖励的设计要有不定期性和难以预测性，以鼓励团队成员的行为。特殊奖励不同于福利，福利讲究全员性，而特殊奖励讲究个别性，不能设计成人人都有的形式。很多营销团队怕破坏团队和谐的氛围，把特殊奖励设计成工资的一部分，虽然大大提升了团队成员对特殊奖励的期望，但这样就失去了特别奖励的意义。除此之外，根据现实常见情况，很多营销团队为了降低营销费用，往往会有意识地挤压营销费用，这是不可取的，因为这等于变相奖励懒惰的成员，惩罚业务跑得勤的营销人员。

要提升营销团队的凝聚力，加强营销团队的战斗力，除了提升团队成员个人层次的薪酬之外，还应设置合适的营销团队层面的奖励。营销团队层面的奖励既可以根据团队的整体业绩来确定，如营销团队整体销售额的增长、企业市场份额的扩大、市场服务质量的提升等，也可以根据营销团队的需要来确定。但需要注意的是，营销团队的奖励必须由团队成员共享，不能发放到团队成员的手中。

需要说明的，是营销人员的基本薪酬、资质薪酬、福利和服务这几项和绩效无关，而变动薪酬与绩效紧密相连。即营销成员的所有收入是以他们在考评周期内的工作成绩、工作态度、工作资历等多种因素为依据发放的，不仅仅以其绩效评估为基础。

4. 常见的营销团队成员的薪酬体系

根据"应得薪酬＝基本薪酬＋资质薪酬＋变动薪酬＋福利和服务＋特殊奖励"，一般情况下营销团队成员的薪酬形式也就是在以上公式的基础上，增大某一部分的比重，或者减少某一部分的比重，从而形成现实营销中各种正在执行的薪酬形式。

（1）纯基本薪酬式

纯基本薪酬方式是把薪酬总公式中的变动薪酬以及特殊奖励全部砍掉，即营销团队成员的总薪酬＝基本薪酬＋资质薪酬＋补助＋福利和服务，甚至有的营销团队还会去掉资质薪酬，从而使薪酬总额等于基本薪酬加上福利和服务。采用这种薪酬方式的营销团队一般都是销售额度非常大，市场变幻多端，难以做出正确的预测，或者销售周期和回款时间很长，产品或者服务的技术含量很高，其营销团队成员一般具有工科背景和一定的市场工作经验。

纯基本薪酬式设计的优势在于便于对营销团队成员进行有效的管理，营造团队内公平的氛围，从而使团队的凝聚力较高。但是，这种薪酬体系易于形成平均主义，不利于吸引优秀的人才，也不利于留住能力比较强的团队成员，长此以往，很可能造成才能平庸的团队成员留下，而有才能的团队成员因为难以实现抱负而离开，这样就会使营销团队慢慢趋于平庸化。也因为这种营销团队内部几乎没有较强的激励，很多年轻人都不愿意留下，团队成员的年龄可能普遍偏大，相对显得朝气不足，创新精神也会有所缺欠。

（2）纯佣金制薪酬式

也叫纯提成式薪酬，这种薪酬的实质就是将薪酬总公式中的其他各项均砍掉，只留下变动薪酬一项，而且有意识地提高营销团队成员的销售提成，即应得薪酬＝变动薪酬。薪酬以某一个指标（如回款额、利润额、销售额等）的一定百分比提取，而且这个比率是可以变动的，比如售出产品价格、考核周期内完成销售额、销售的难易程度等。很明显，这种薪酬方式对销售的技能要求不高，否则难以执行。

由于收入均来自自己的销售提成，再加上这种薪酬方式计算简单，每个团队成员都知道自己的每一笔业务所获得的报酬，因此，这种薪酬制度的激励性最强。就营销团队或者企业而言，为了尽可能地减少营销的管理与监控成本，也会执行这种薪酬体系。但是，营销团队成员可能在自我利益驱使下经常性地忽视营销过程，注意力放在营销结果上，从而造成过多关注与佣金直接相关的指标，忽视甚至无视非直接营销活动，如竞争对手资料的收集、客户资料的收集等。这样也不便于营销团队有效管理其成员的行为，使公司战略落实难度加大，如营销团队成员只愿接受热销产品，推广新品的积极性不高。

（3）混合制薪酬式

由于基本薪酬式模式难以有效满足团队成员的各种需求，难以长期有效地激励营销团队成员，这在一定程度上印证了赫兹伯格的双因素理论：基本薪酬仅仅是保健因素，而非激励因素。而提成式薪酬模式难以让营销团队成员有归属感，优秀的营销团队成员难以留下。基于这两种情况的存在，大部分企业在设计营销团队成员薪酬体系时采用了混合制薪酬模式，希望能够提取二者的优点而摒弃二者的缺点。所以现在大多数企业采用这种薪酬制度，但是不同的企业会根据实际情况做出相应的调整，从而形成不同的混合制薪酬模式，即营销团队成员的薪酬主要为固定薪酬（底薪或者是基本薪酬）与变动薪酬（提成或者是绩效）两部分。营销团队的管理者应该特别注意一点，那就是确定固定薪酬与变动薪酬的比例问题，固定薪酬过高起不到激励的效果，变动薪酬过高营销团队缺乏稳定性。下图根据企业市场的营销战略与市场竞争的激烈程度对营销团队的混合薪酬模式的影响而设计。其中，营销战略用企业注重长短期利益来考虑，而市场的竞争状况用市场上同类产品的提供者多寡来表示。

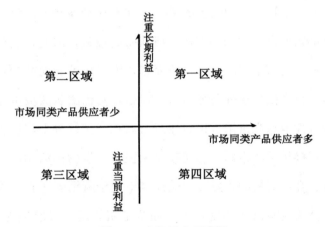

图 3-3　市场区分示意图

第一区域，其特点是市场上有很多竞争者，而且企业比较注重长期利润，即企业希望在激烈竞争的市场上谋得较大的市场份额，以期在未来为企业带来巨额的利润。这是很多日本企业喜欢采取的一种竞争策略，在这种策略的指导下，企业先是谋取最为有利的市场地位，在得到较好的市场地位之后，再想办法让其转换为企业的利润。在这种市场条件与公司战略的指导下，薪酬总公式"应得薪酬＝基本薪酬＋资质薪酬＋变动薪酬＋补助＋福利和服务＋特殊奖励"中，不仅基本薪酬要高，而且补助、福利也应较高，只有这样才能留住优秀的营销团队成员。由于企业注重长期利益，必须对市场进行精耕细作，对营销团队成员的要求也较高。而且由于企业谋求未来的竞争优势，这就决定了很多营销工作的结果在未来才会有所显示，而很难在当期考核中明确显现。也就是说，变动薪酬比较低，那么在设计特殊奖励时应该更多地句为团队整体利益以及长远利益的团队成员行为进行倾斜。同时，由于所在区域的行业竞争激烈，营销团队成员的压力较大，工作较为辛苦，如果没有较高的福利水平，很难留住优秀的营销团队成员，所以就要求薪酬总公式中的福利与服务的水平较高而且全面，以弥补营销团队成员由于提成的减少所带来的损失，从而增加他们的满意度。

第二区域，其特点是企业注重长期利益，但是市场竞争者比较少，即区域市场提供同类产品者较少，因而市场竞争不是太激烈，而企业的战略是争取长期的竞争优势，即抢占较大的市场份额，谋取持久而又巨大的利润。这种营销团队所营销的产品一般是处在生命周期的成长期，团队在未来还有很长的路要走，而且希望所走的路越来越宽，在这种营销战略的指导下，薪酬总公式"应得薪酬＝基本薪酬＋资质薪酬＋变动薪酬＋补助＋福利和服务＋特殊奖励"中，基本薪酬和变动薪酬受到同等重视。因为这类市场上营销团队的重点是铺货，以便消费者能够便利地购买到自己的产品，所以体力支出较大，又由于竞品较少，销量不会小，这为以销售额或者回款额为依据的团队成员的考核创造了条件。但是，由于团队成员部分精力放在铺货上，放在市场的精耕细作上，在考核营销团队成员时要充分地考虑，所以基本薪酬与变动薪酬应受到同等重视，正是因为回款一定程度上反映了营销团队成员前期的努力水平，这种条件下的特别奖励应该更多的是激励那些打破常规思维的销售行为上，比如软件企业一直把自己的产品销售给学校，以做模拟训练，但是某一营销团队成员把产品销售到某一企业，用以培训其员工，这等于打开了一个新的市场，所以应该予以鼓励。

第三区域，其特点是企业注重短期利益，而且市场竞争者比较少，即区域市场提供同类产品者较少，市场竞争不是太激烈，而企业的战略是争取短期利润最大化，不太注重长期利益。在这种营销战略的指导下，薪酬总公式"应得薪酬＝基本薪酬＋资质薪酬＋变动薪酬＋补助＋福利和服务＋特殊奖励"中，企业应该适当地降低基本薪酬的比重，大力增加变动薪酬的比重，同时适当地减少特殊奖励和服务。由于营销团队成员的所有努力都会在业绩上得以体现，营销团队不需要过分重视市场的精耕细作，而且市场一般处在产品生命周期的衰退期，很多企业已经纷纷退出该行业，所以营销团队的任务就是尽可能多赚钱，尽量少花钱。正是由于这一指导思想，薪酬总公式中的特殊奖励、资质薪酬可以完全取掉，补助和福利业尽可能压缩，这样，营销团队成员的主要收入就是其业绩带来的变动薪酬。其实在这种薪酬思路的指导下，营销团队已经变相地在辞退一些团队成员，不过是比较委婉的方式，用业绩的考核来软性地规劝部分成员另谋出路。

第四区域，其特点是企业注重短期利益，但是市场竞争者非常多，即区域市场提供同类产品者较多，因而市场竞争惨烈，而企业的战略是争取当前利润最大化，不太注重长期利益。一般这种情况下的企业产品处在生命周期的衰退期，企业希望尽快地回收资金以便投入新产品的市场开拓中去。在这种营销战略的指导下，薪酬总公式"应得薪酬＝基本薪酬＋资质薪酬＋变动薪酬＋补助＋福利和服务＋特殊奖励"中，企业应该给营销团队成员采用较低的基本薪酬与资质薪酬，较高的变动薪酬、补助和福利以及特殊奖励的付酬形式。一方面，由于市场竞争非常激烈，要求营销团队成员全身心地投入到工作中去，所以营销团队需要用高变动薪酬来激励其行为，调动其工作积极性。另一方面，用较高的补助和特殊奖励来提升团队成员的满意度，同时用较高而且丰富的福利与服务来解决营销团队成员的后顾之忧，这样才能尽可能地保证营销团队成员全身心地投入到市场工作中，为企业带来更多的当期利润。

5. 营销团队薪酬体系设计中的几个难点

营销团队成员的薪酬体系的核心有两项，其一是底薪，关系到营销团队成员的自我价值的认知，底薪在营销团队成员收入中的比重不高，一般是30%左右，但是涉及营销团队成员的自尊问题，所以非常重要。如果底薪过低，就说明营销团队不重视他们，从而降低了营销团队成员的积极性，也增加了营销团队成员的离弃心理。其二是变动薪酬中的提成，这是营销团队成员收入的主要来源，也是对其能力的肯定，设计不合理可能会引起营销团队成员的不公平感，从而降低营销团队的凝聚力，削弱营销团队的战斗力。因此，必须慎重对待底薪和提成。

（1）决定基本薪酬时应该考虑的因素

基本薪酬的作用既是保障营销团队成员的最基本生活，也是为了保证团队成员个人工作能力的持续。在决定营销团队成员的基本薪酬时，企业必须考虑以下因素。

①营销团队成员所居岗位的价值

人力资源管理中的岗位评价的结果，在一定程度上为营销团队的所有岗位提供了一个相对价值的比较，相对价值较高的岗位，对企业而言更重要，因而，成员的基本薪酬也应该较高，反之则低。但是岗位的薪酬差距不应该过大，否则不但影响营销团队成员的公平感，进而破坏营销团队的和谐与稳定，还可能会影响营销团队成员的行为，如将大量的时间与精力投入钻营拍马，谋求升职加薪上，从而忽视了营销工作本身。

②团队所在地的生活水平

由于不同的地方生活成本不同，比如北京的生活成本就远远高于甘肃的生活成本，城市的生活成本也高于农村的生活成本，因而，在制定营销团队成员的底薪时必须考虑当地的生活水平。确定一个地区的生活水平一个较好的依据就是当地的最低工资标准，比如 2020 年上海最低工资标准是 2408 元/月，非全日制就业者的最低工资标准为 22 元/小时，而甘肃省 2020 年的最低工资标准为 1470 元/月，非全日制就业者的最低工资标准为 15.4 元/小时，甘肃月最低工资标准仅仅是上海的 61％，而日最低工资标准也仅为上海的 70％。由此可见，不同地域的工资本身存在差异，这当然是不同区域经济发展水平的不均衡造成的，但是也在一定程度上反映出不同地区生活成本的差异，这就要求不同地域的企业在设计其营销团队成员的薪酬体系时必须适当地考虑薪酬的地域差异。

③营销团队所销售产品的生命周期

在产品生命周期的导入期，因为销量较小，而且营销渠道需要逐步完善，市场对企业的产品还不太接受，所以营销团队成员的变动工资较少，营销人员将更多的精力投入渠道建设、市场铺货。因此，企业应该适当地提高基本薪酬。当进入产品生命周期的成长期，渠道建设、市场铺货等已经完成，市场也逐渐接受了企业产品。在这个阶段，企业可以采取较低的基本薪酬、较高的销售提成的薪酬形式，以激励营销团队成员提升业绩而获得丰厚的提成。当产品进入生命周期的成熟期时，市场竞争最是激烈，营销人员流动率也最高，这个阶段营销团队需要留住自己的优秀员工，必然要求企业采用高底薪的薪酬策略。在产品生命周期的衰退期时，企业需要降低营销成本以提升利润，这样就导致企业有意识地压缩营销团队成员的工资，而基本薪酬也就处在一个较低的层次。由此可见，在设计营销团队的基本薪酬时，应该充分考虑企业产品在生命周期哪一个阶段。

（2）营销团队所销售的产品的特点

如果产品销售周期很长，那么营销团队成员能拿到提成的时间就会很长，为了保证营销团队成员的生活水平不降低，基本薪酬就应该设计得高一些。如果销售产品比较复杂，科技含量比较高，其营销团队成员不仅具备市场营销相关的知识，还必须具备深厚的产品相关的专业知识，符合该要求的营销人员较少，他们无疑会要求高底薪。若销售产品非生活必需品，而且适用范围比较窄，这样销售的难度相对增大，企业为了维护营销团队的稳定与和谐，就应给予营销团队成员较高的基本薪酬。

（3）营销团队成员业绩提成的几种方式

业绩提成的设计是营销团队成员的薪酬体系设计中难度最大的，必须从多个角度系统地思考，不仅仅需考虑提成依据（回款额、利润、销售额），还应考虑提成标准，如何既达到激励效果，又能有效控制营销成本。面 3—3 以回款额为例（因为回款额乘以毛利率就是毛利润，回款额为标准也好于销售额，在营销工作中欠款的必然存在的，以回款额为标准有利于营销团队成员加大催款的力度）来介绍营销团队薪酬设计中几种常见的业绩提成模式。

①固定业绩提成模式

在这种提成模式下，团队成员的业绩提成系数为固定值，营销团队业绩没有计划也不封顶，无论团队成员回款多少都按照一个固定系数来提成。公司对营销团队成员的薪酬控制能力较弱，适用于创立不久的企业以及市场变化难以预测的企业。

表 3-1　固定业绩提成示意表

每月回款额标准（元）	12万以下	12万—18万	18万—24万	24万以上
提成系数	5%	5%	5%	5%

该方法简单明了，比如在表 3-1 中，营销团队成员的回款额为 10 万时，提成为 5000 元，回款额为 20 万时提成为 10000 万。其优点是营销团队成员的公平感较强，不足之处在于对一些优秀营销团队成员的激励不足，难以有效地刺激他们向更好的目标冲刺。企业在控制营销费用的情况下一般采用这种方法。

②递增业绩提成模式

在这种提成模式下，团队成员的业绩提成系数随着回款额的增加而系数相应增加。其难点是提成额等级标准以及系数增加率，应该根据营销团队的实际情况、行业的提成标准来定，目的是避免造成营销成本过高，或者激励不到位从而影响激励效果。目前，很多营销团队都在执行这种方式。

表 3-2　递增业绩提成示意表

每月回款额标准（元）	12万以下	12万—18万	18万—24万	24万以上
提成系数	3%	4%	5%	6%

较之于固定提成模式，递增业绩提成模式的优点是对每一个营销团队成员都有较充分的激励。但是也会在营销团队内部形成一种不好的倾向，如为了获得较高的提成，把几团队成员的部分业绩计算到一团队成员的身上。另外一个比较严重的问题是个别销售业绩特别好且销售额团队占比高的团队成员自我价值认识过高，或提出过分的要求，或对其他团队成员的工作指手画脚，或离开团队，从而影响营销团队整体的和谐性与稳定性。

③阶梯业绩提成模式

在这种提成模式下，团队成员的业绩提成是根据某一段的回款额给予一个固定的奖励，在一定范围内，回款额的高低不会引发奖励的变化，奖励一直保持在一个固定值，只有突破一定的标准之后，营销团队成员才能拿到更高的奖励。

表 3-3 递增业绩提成示意表

每月回款额标准（元）	12 万以下	12 万—18 万	18 万—24 万	24 万以上
奖励金额（元）	3600	6000	10000	15000

这种业绩提成模式强调差异性，营销团队成员的回款额只有达到既定目标，才能拿到相应的提成薪酬。此法在应用过程中有一定的难度，虽然如果未能达到既定的目标，营销团队成员就会加倍努力，但难点是当达到某一标准之后，营销团队成员预估下一个目标无望，就会放弃努力。如何最大限度地激励营销团队成员就戍为这种业绩提成模式的重点。

④多维业绩提成模式

前面讲到的几种业绩提成法都是一个维度（回款额）来确定营销团队成员的模式，而这些方法有一个假设，那就是企业的产品是不能议价的，但现实情况是很多企业的产品都是可以议价的，这就存在一种可能，即营销团队成员回款越多，其收入也就越高，但是可能企业的利润率就越低，甚至可能出现亏损，因此，可以对以上方法进行修正，即再加一个考核维度：毛利率。在企业正常毛利率下的回款额，姑且定位标准回款额，若真实的回款毛利率与正常或者标准毛利率不一致，就要调整为标准毛利率下的回款额。比如企业的标准毛利率为 30％，但是由于某一客户需求量大，讨价还价能力强，最后以 20％ 的毛利率成交，回款额为 50 万，那么调整的方法也很简单，先求出毛利润，再用毛利润来转换为标准回款额，即 50 ＊20％/30％＝60（万），这样既可以保证公司的利润，也可以激励营销团队成员按照正常的毛利率销售企业产品。

另一种方法就是利用毛利率给回款额进行分类，毛利率不同，营销团队成员的提成也不同。这种提成方法激励的目的就是尽可能地让团队成员为企业的利润做出贡献，从而提升企业的整体利润率。其不足之处在于对竞争对手的市场空间挤压力度不足，留给竞争对手较大的市场空间。它适用于企业产能短期难以全面满足市场的需要或者企业的目的是当前利润最大化，不考虑市场占有率。其具体方法如表 3-4。

表 3-4　多维业绩提成示意表

利润率 等级	调节 系数	回款额以及提成比例				备注
		12万以下 2％	12万—18万 3％	18万—24万 4％	24万以上 5％	毛利 标准
优秀	1.4	2.8％	4.2％	5.6％	9％	≥40％
良好	1.2	2.4％	3.6％	4.8％	5％	30％—40％
合格	1.0	2％	3％	4％	5％	30％
不合格	0.8	1.6％	2.4％	3.2％	4％	20％—30％

营销团队经常面临着激烈的市场竞争，在多重因素的交互性影响下客户做出自己的选择，比如营销团队成员的专业情况，客情关系，产品或者服务质量，品牌影响以及其他竞争对手的干扰等等，因此议价是必然的，利润率变化也比较大，这种营销团队成员的业绩提成法综合考虑了以上情况，所以比较科学。

6. 营销团队成员多重满足的业绩提成法

营销团队成员的工作是比较辛苦的，经常性的出差、经常性的拜访客户对体力脑力的要求比较高，几乎没有营销团队成员希望一辈子都从事营销工作，许多成员在工作一段时间后就希望慢慢地转到管理岗位上，当然最好的选择就是营销管理岗位，因为业务比较熟悉。这就必然产生了新的需要，根据马斯洛的需要层次理论，工作方面安全的需要或者尊重的需要成为主导需要，因此，营销团队最好能够提供相应岗位，或者及早为这样的需要做好准备。在进行营销团队薪酬体系设计时，企业最好能够根据实际情况，可以给满足一定条件的团队成员，如者年龄较大、业务能力较强、领导能力较强的营销团队成员，在有需要的基础上，让其带领团队。也就是在大团队内部可以有一些小团队，团队管理者的业绩提成可以在所带领的团队中给予一定的比例，同时自己的业绩提成还是沿用以前的方法。这种营销团队成员的管理方法优点较多，比如让团队领导有一些紧迫感，营销团队内部有一定的竞争，等等。

营销团队成员的薪酬设计非常复杂。没有最好的，只有最合适的，每一个团队只有在不断的摸索中，总结情况，勤于学习，才能找到最合适的薪酬方式。

（三）营销团队绩效的评估

营销团队的绩效，一般的意义上可以理解为一定的考核周期内营销团队成员业绩的表现、整体营销团队运作效率以及营销业绩效益的综合。一般可以分为营销团队成员个人的绩效以及营销团队整体的绩效。营销团队成员的绩效是指团队成员个人的营销工作的行为表现和营销工作的最终结果；营销团队的绩效是指营销团队成员通力合作而产生的营销绩效，也就是说营销团队成员在分工合作且团队作战基础上所形成的"1＋1＞2"的绩效效应。

营销团队绩效考评（考评就是考核评价，其实笔者更喜欢用评估这个词，即评价估计，盖因没有一种绩效评价的方法是完全科学的，均为一种相对科学的估计）就是指绩效评估相关部门在规定的考核周期内，针对每个营销团队以及其成员所承担的营销工作任务，根据营销团队及其成员的目标任务标准，灵活地运用各种合适的定性与定量方法，对营销团队及其成员工作过程和工作结果综合地考核评估的过程。由此可见，对营销团队成员的绩效评估应该把重点放在两个方面：营销团队成员的营销工作的结果（一般是指完成多少营销任务）和营销团队成员在营销工作的过程中所表现出来的行为（一般是指客情、考勤等）；营销团队成员的营销工作任务绩效（结果的考核）和营销工作行为绩效（过程的考核）。营销团队考核还可以分为两个层次，一是营销团队的层次考核，这部分直接影响到企业的正常运转；二是营销团队成员的层次。

1. 营销团队成员绩效评估的意义

营销团队首先是一个整体，为企业的整体利益服务，这就必然涉及每一个营销团队成员对团队整体贡献的相对大小，再根据这些贡献来推断营销团队成员所具备的各种能力和素质，为其将来的进一步发展做准备。

（1）为营销团队成员的报酬提供依据

就直观性而言，这是营销团队成员绩效评估最基本的作用。企业应该在每个考核周期都给每个团队成员一定的报酬，以补偿他们在这段时间付出的努力，同时也感谢他们为企业做出的贡献。那这个报酬的确定必须有一个依据，这个依据就是绩效评估的结果，这也就是不同的团队成员在同一考核周期内所获得的薪酬不一样的原因，从此可以看出，营销团队成员的绩效评估还有平息团队内部纷争的作用，因为一切以考核结果为准则。另一个方面还为部分团队成员的努力提供了方向，激励他们向绩效评估结果较好的成员学习，从而使整个营销团队成员的行为更加符合企业的需要。

（2）为营销团队成员的成长指明方向

绩效评估过程是对营销团队成员全面的评估，从评估结果可以看出营销团队成员哪些方面做得较好，哪些方面做得不好，再通过一些科学的方法推断出成员能力的强弱，在哪方面需要进一步的加强，哪些能力需要进一步的提升，从而给团队成员提供及时的建议或针对性的培训。这样做有多方面的好处，首先，能够满足团队成员的职业安全感，认为团队看重他们；其次，可以提升整个营销团队的战斗力；最后，还可以帮助团队成员较好地规划自己的职业生涯。

（3）为营销团队成员的甄选提供标准

很多企业都对营销团队成员的甄选感到无奈，甚至无语，似乎没有一个统一的标准。有些健谈的，善于交流的人能在团队中取得很好的业绩，但是有些不怎么健谈，看起来也不怎么会和人交流的人也能取得较好的业绩；有些勤奋的人能取得较好的业绩，有些喜欢经常待在办公室的人也能取得较好的业绩。好像什么样的人都能取得较好的业绩，可是现实情况是很多团队成员无法胜任营销工作，逐步地被淘汰。这都是因为对营销工作的认识不足，或者不够彻底，因为营销工作具有很强的特点，不同行业，不同市场，不同企业取得成功的条件不同，所以通过营销团队成员的评估，人力资源测评小组可以逐步总结在团队中取得较好业绩的团队成员的能力与素质，从而得到一份在本企业内能够取得较好业绩的能力与素质的清单，以此来甄选营销团队成员，极大地提升招聘的准确率。

（4）为营销团队完成营销业绩提供帮助

营销团队的任务是企业发展的基石，完不成营销的任务目标就意味着企业运转可能会出现困难。通过营销团队成员绩效的评估，一方面可以知道哪些团队成员未能完成任务，哪些完成了任务，评估结果一旦公开，对那些未能完成任务目标的营销团队成员就是一种鞭策，再通过绩效沟通，帮助这些团队成员及时地发现工作中的不足，并且找到改进的方法与路径，从而提升业绩。另一方面，高薪酬以及高奖励刺激使得业绩较好的团队成员更加努力，再接再厉，同时也能正面引导那些业绩不理想的团队成员，让他们积极地向这些优秀者靠拢。在这样双向的作用下，营销团队整体的业绩就会有一个质的飞跃。所以，绩效评估能够为营销团队的整体营销业绩提供帮助。

2. 营销团队绩效评估的模块

营销团队绩效评估就是周期性核查与评估营销团队成员工作结果与工作表现的信息管理系统。有效的营销营销团队的评估，不仅能核定每位团队成员对团队整体的相对贡献，还可以从整体的角度为人力资源决策提供资料依据，这样既可以增加团队成员评价的公平性，还可以为营销团队成员未来的成长提供指引。除此之外，还可以疏通营销团队的反馈机制，提升营销营销团队成员的绩效，激励团队成员的士气，并将其作为营销团队内部奖惩团队成员的依据。

营销团队绩效评估是一系列有序的步骤的总和，一般包括：绩效评估政策、营销工作要项、营销绩效标准、营销绩效考评、营销绩效评估总结与反馈五个方面，而且这五个方面构成一个封闭的循环。如图 3-4 所示：

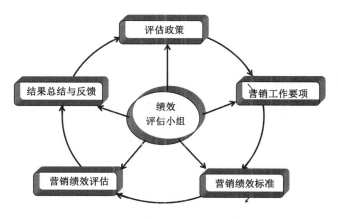

图 3-4 营销绩效评估示意图

营销工作要项是确定营销团队做什么，营销绩效标准就是要求营销团队所要达到的目标，而营销绩效考评是控制营销团队目标的完成情况，最后营销绩效考评与反馈的目的是总结经验以便更好地确定团队营销工作的要项，制定更加科学的营销绩效标准，更加有效地激励营销人员。

（1）营销团队的绩效评估政策

我们知道，最终的营销结果都是通过营销团队成员的努力来实现的，而营销工作的结果是非常多样的，可以是销售相关的，可以是市场相关的，可以是品牌相关的，等等。而在一个考核周期之内很难面面俱到地去考核，这就需要企业相关管理者制定绩效评估政策，通过这个政策把营销团队成员的行为限制在一定的范围，以免出现营销团队成员做出违背企业的行为。同时，通过营销团队绩效评估政策的制定，把企业市场营销中目前最为紧迫的、最为重要的、影响最大的那些问题作为营销团队绩效评估的政策依据。正因为如此，营销团队绩效评估政策应该具有较强的针对性，不同的企业不一样，同一企业在产品不同的生命周期阶段也不一样，不同的市场开发阶段也应该不一样。比如在市场开拓的初期，营销团队的任务就是开拓市场，所以这个阶段就要从铺货率、渠道建设等方面制定营

销团队绩效评估的政策。

(2) 营销工作要项

营销团队绩效评估的政策是在大的方面对营销工作的指引，以免营销团队的营销工作迷失在企业非主要的工作中。而营销团队工作的要项，就是团队绩效评估的主要内容，是比较具体而且较为详细的。其功能是向营销团队成员传递未来一段时间内营销工作的重点，也就是说营销团队成员的何种行为应该在下一个考评周期内得以强化。正如前文所言，营销团队是一个组织，考核的重点是任务目标的完成情况，而营销营销团队成员归根到底是一个个自然人，其关心的目光聚焦在帮助营销团队完成目标任务之后所获得的利益上。因此，营销团队、团队成员的绩效评估的内容必须聚焦于共同关注点，同时还要保持系统性与一致性。企业应确保团队营销工作要项的设定聚焦于绩效评估周期内的关键点，其原因有二：一是营销工作是非常复杂的系统性工作，有品牌推广方面的，有市场维护方面的，有销售回款方面的，有利润创造方面的，有市场开拓方面的与信息收集方面的，等等，而且每一方面都可以细化为若干个评估子项，如果在同一绩效评估周期内考核内容设计得面面俱到，最终的结果就是营销团队成员难以抓住工作重点，迷失在各种绩效考核指标中；二是任何企业资源是相对稀缺的，但是稀缺的程度与不同资源之间相对稀缺结构是不一样的，而且这种程度与结构会随时间的推移而变化。市场是一个经常性的变量，就数量而言有竞争对手的多寡的变化，消费者需求数量的变化，产品在特定时间范围内的数量的变化，就难以量化的一些市场情况而言，存在市场成熟程度的变化，消费者消费偏好的变化，品牌忠诚情况的变化等。这就必然导致不同时期营销工作的侧重点不一样。举个例子，在产品上市之初，不管市场上是否存在竞品，营销团队工作的核心是提高市场上的铺货率、收集消费者以及竞争者的信息、传播企业所经营产品及品牌相关的信息，而在营销团队成员绩效评估中占了很大比重的回款额、销售额，则不是该考核周期工作的重点。

营销团队成员业绩评估包括营销结果的评估和营销过程的评估。营销结果的评估就是指评估营销团队成员在评估周期内工作任务的完成情况，应该注意的是单纯对营销结果评估会产生许多问题，因为团队成员的业绩并不仅仅取决于成员自己努力的程度，还会受企业的市场政策、区域市场的容量、当地的收入水平、市场的成熟程度以及产品消费的季节性等多种因素的影响。如在白酒行业，特别是竞争比较激烈的地区，经常在铺货的过程中都有一定的促销，但是不同品牌的促销力度是不一样的，假如竞争对手的促销力度是"买一赠一"，而本企业的是"买二赠一"；在品牌影响力、产品质量（一般指口感及饮后结果）不占优势的条件下，回款额或者销售额比不上竞争对手就不一定是因为团队成员工作不尽力或者是能力有缺陷。是故，评估营销团队成员的绩效是一个相对复杂的过程。一些营销工作当前不能产生业绩，但会对市场产生长期的影响（如客情、市场信息的收集与整理等），但基于当前利益考虑，营销团队成员就存在不愿意去做的可能。营销工作过程评估在一定程度上正好可以弥补营销工作结果评估的不足，一般是通过明确规定营销团队成员必须履行的职责、必须要做的工作来实现的，如硬性规定营销团队成员怎样拜访客户、每月必须拜访多少客户、收集多少市场信息、填写销售报表以及张贴 POP（宣传单页），等等。这样通过一整套营销作业制度和程序来确保团队营销工作任务的协调完成。所以，营销团队必须评估工作的结果，这是整个团队生存的基础；也必须评估营销过程，这是整个团队发展的未来。

①营销工作要项（诱导因素集合）的设置

绩效评估指标具有导向性，在营销团队的工作中，好的营销过程不一定产生好的营销结果，但是好的营销结果必然是好的营销过程导致的。营销团队管理者必须时时给团队成员灌输这种理念，以保证市场持续、健康地发展。通常情况下，因为过程的评估难度较大，部分营销团队往往不太重视，但过分地强调结果的考核，就会造成团队营销行为的短视，也就是说很可能会让企业在该地域的销量越来越低，市场份额也逐步变小。所以，应该过程评估与结果评估并重。营销团队成员需要平局的工作要项有以下几个方面：

表 3-5   固定业绩提成示意表

	评估项目	当期考核项	权重	备注
工作结果评估项目	销售任务	√	60	最常用的指标
	回款任务			最常用的指标
	销售费用使用	√	10	因营销而产生的费用
	毛利润			为企业创造的利润
	客户有效拜访			拜访客户导致业务产生
	开发新客户数量			第一次购买企业产品
	客户投诉			因团队成员造成客户不满
	市场占有率			主要竞品相比的贡献
	销售业绩增长			与上一考核周期相比
工作过程评估项目	客户拜访	√	10	老客户
	意向客户			近期内有可能进货
	出勤			迟到早退旷工等
	市场调查报告	√	10	分质量与时限两方面
	品牌推广			在品牌认知度方面的贡献
	市场推广			市场接受公司产品的贡献
	市场信息收集			竞争对手与客户信息
	政策宣传			给客户宣传企业营销政策
	客情关系			客户对团队成员评价

续表

	评估项目	当期考核项	权重	备注
团队建设	团队成员相互评价			成员间的评价
	团队成员工作积极性	√	10	主动积极相互帮助
	团队成员能力的提升			纵向业绩比较/工作总结
	营销周边工作的评价			库管、物流等的评价
	团队管理者的评价			团队领导对成员的评价

由于不同时期营销团队的工作重点不同，所以以上20多项指标不可能都是团队成员绩效评估的重点，在实际操作中，可以根据营销团队与市场的实际情况，针对性地设计关键绩效指标（KPI）。一般情况下，评估团队成员的关键绩效指标不应该太多，三到五项为宜，过多会让团队成员顾此失彼，难以抓到工作的重点。再进一步评估这些指标在企业市场营销中的重要性，予其相对合理的权重。在目前市场中越重要的指标，所赋予的权重就越大，从而在一定程度上指导营销团队成员的行动，使其沿着企业所期望的行为前进。

②关键绩效指标权重设置的思路

营销团队成员的关键绩效指标权重设置的思路，应该针对具体的市场状况具体分析。下面是一种比较合理的设置方法，营销团队可以适当地借鉴。这种方法是根据市场的成熟程度和营销团队进入市场时间的长短两个维度，将营销团队面临的市场分为四种：强竞争性市场、弱竞争性市场、优势市场、劣势市场，下面一一论述设置团队成员绩效评估指标的思路。

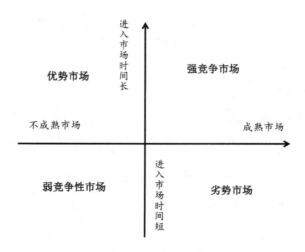

图 3-5 市场竞争分类态势示意图

第一象限，即强竞争市场，这是一个比较成熟的市场，一方面，消费者已经充分地接受了该市场的产品，产品的销售主要是替换性销售；市场上产品差异化程度不高，而且竞争者较多，这些竞争者通过各种方法来提升自己的销量。另一方面，企业参与这个市场竞争的时间很长，占有一定的市场份额，并有自己的优势，但是不一定占统治地位。在这种市场上，营销团队成员绩效指标权重的设定应该适当地提升工作结果评估项目的权重，相应地降低工作过程评估项目的权重。比如回款额或者销售额的权重可以设置得相应高一些，以便刺激团队成员把更多的精力投入企业产品销量的维持与扩大上，同时应该适当地控制销售费用，争取企业利润最大化。在强竞争市场，挑选销售任务的完成情况、销售费用的使用情况、客户拜访的次数、市场调查报告以及团队成员工作的积极性作为营销团队评估其成员在某一考核周期的指标，同时根据自己的情况赋予了权重。

第二象限，即优势市场。一方面，这是一个还不太成熟的市场，消费者对这个行业产品的接受度正处于上升阶段，消费者大都是初次使用该行业的产品。另一方面，整个市场竞争者比较少，而企业进入这个市场已经有了较长的时间，在市场上有较大的优势，大部分消费者逐渐把本企业的品牌作为自己的首选品牌，也就是说本企业在市场上处于领导地位。这种市场上，在考核营销团队的业绩时，应该适当地提升对营销工作过程的评估，因为在这种市场中，营销团队的主要目标是挤压竞争对手的市场空间，巩固或者进一步提升自己的市场地位，实现产品销售与市场的维护并举，进一步提升品牌的知名度与美誉度。

第三象限，弱竞争性市场。首先，这个市场不太成熟，但是增长很快，也就是说消费者正在以较快的速度接受本行业的产品。虽然大多数消费者是初次使用该行业的产品，但整个市场产品的提供者较少，所以竞争不是太激烈，各个企业的营销人员正在疯狂地抢占市场，跑马圈地。企业进入该市场的时间较短，无论在产品还是在品牌的影响力上都不占任何优势，但是企业看重该市场的发展前景，认为它是潜力巨大的朝阳型市场，在这种市场上的企业的主要目标是开拓并且培育市场，这会造成两个方面的问题，其一是市场增长速度比较快，营销团队必须尽快地铺货，抢占市场，填补市场空白，因而比较费时费力，对营销团队成员的要求较高。其二是企业的营销战略是谋求长期的利润，短期的营销费用必然较高，企业应该有一定的心理预期。这样，在设定营销团队成员的绩效评估指标的权重时，应该将重点放在营销工作过程的评估上，适当地减少营销工作结果的权重。一则因为市场正在上升阶段，但是由于不成熟，所以市场容量还是比较小的，过于看重营销工作结果的评估一方面会造成团队成员收入的下降，从而引发这些营销团队成员的不满，进一步损害营销团队的凝聚力；另一方面会造成团队成员急功近利的思想，可能会伤害企业的长期利益。

第四象限，弱势市场。这类市场已经相当成熟，市场增长有限，消费者大都是替代型购买，整个市场上竞争者众多，各自有一定的优势，每个企业都在竭尽全力地想办法争夺竞争对手的客户，以便维持或者提升自己的市场份额。虽然市场很成熟，但是企业进入这个市场的时间不是太长，因而尚未形成自己的竞争优势，又由于市场竞争非常激烈而且竞争者众多，企业在未来一段时间之内也面临着巨大的市场压力，市场费用较高但是销量不是太理想。在这种市场情况下，企业在设置营销团队成员绩效评估的权重时，应该适当地提升营销工作结果的权重，因为市场已经相当成熟，很可能存在随时发生裂变的情况，就如当年的智能手机取代功能手机一样，因而营销团队成员的绩效评估应该围绕着利润来展开。

由以上分析可以看出，营销团队成员的诱导因素的设计，其实就是企业首先在众多营销子项中根据自己的情况做出针对性的选择，然后再结合市场与企业的政策，赋予这些子项一定的权重的过程。

3. 营销团队成员绩效评估的实施

营销团队成员绩效评估的首要目的是通过客观、正确、公正的建立绩效评估体系，进而在评价营销团队成员对团队整体贡献的基础上，寻求对营销团队的评价的依据和对团队成员开发的依据，进一步寻找团队管理中存在的不足，从而达到提升营销团队的运行效率、提高团队整体竞争能力、促进营销团队和团队成员的良性成长，更好地激励营销团队成员，最终在企业利润方面做出更大的贡献。

为了保证营销团队成员绩效评估的公正、正确、客观，就需要在评估的主体（即由谁来评估）、评估的周期（即多长时间评估一次）、评估的程序（如何来评估）等方面都要进行科学合理的设计，适应营销行业的同时能充分地结合企业的特点，还可以完美地激励营销团队成员，降低营销团队成员因为绩效评估而带来的负面情绪。

（1）营销团队成员绩效评估的主体

营销团队成员绩效评估的主体应依据营销团队工作的特点来选择。在营销界有一种说法就是营销团队成员的办公室在市场上，同时营销团队又是企业的一个子系统，因此对团队成员的绩效评估必须要从内、外两个方面来评估，并且用权重来体现不同评估项目的重要性。所谓营销团队成员外部绩效的评估，一般由市场来进行，也就是经销商和直接消费者。为了防止营销团队成员的干预，一般情况下由相关绩效评估部门直接通过网络的方式和经销商（直接消费者）联系，将事先设计好的考核要项表格以及评分标准发放给选定的经销商（直接消费者）填写，然后让他们直接返回给考核小组。而内部营销团队成员的绩效评估最起码有五方面人员参加：首先是营销相关领导参与下属团队成员的绩效评估，这是保证营销团队成员绩效评估公正、客观、正确的基础。由于营销工作程序化的成分较少，因此营销团队成员工作的积极性与创造性就显得非常重要，让营销相关领导者参与到团队成员的绩效评估中，团队成员就会感觉受到了重视，从而有利于提高积极性与创造性，对企业而言也有利于发现优秀的营销人才。其次是营销团队领导参与评估。他们是接触营销团队成员最多的企业管理者，同时对营销团队工作的目标任务负有直接责任，再加上其工作中很重要的一部分就是了解营销团队成员的工作态度与工作能力，自然而然的是营销团队成员绩效评估的主体之一。然后是营销团队成员自己。他们在工作中灵活地处理各种市场问题，更加熟悉市场营销工作的具体情况，让他们参与到自己的绩效评估中来，让评估结果更加客观、正确、公正。之后，还必须有营销团队其他成员的参与。营销团队是一个整体，其成立的目的就是有效解决企业市场营销中的各种问题，有时候单兵作战，有时候多人参与，因此让其他团队成员参与进来，有利于增加团队的凝聚力，还有利于营销团队整体能力的提升，也易于让团队成员接受绩效评估的结果。最后，还必须有人力资源管理部门相关人员的参与，因为他们有较强的绩效评估的专业知识与能力，让绩效评估沿着科学、合理的方向来进行。除此五者之外，还可以让企业其他相关人员参与进来，以提升营销团队成员绩效评估的质量。

（2）营销团队成员绩效评估的周期

营销团队成员绩效评估的周期一般与评估的指标类型相联系，不同类型的营销团队成员评估指标有不同的评估周期。比如一般评估营销团队成员的"勤、绩、能、德"可以分为两种类型，"勤与绩"等显性的评估指标，例如营销团队成员的出勤情况、销售额等指标，用较短的时间就可以得到相对全面的评估资料，所以评估周期也较短，通常我国是一个月。其优点为一方面，在较短的评估周期内，评估主体对营销团队成员在该时间段内的营销工作结果与出勤情况有着非常详尽的记录和清晰印象，但一旦拖较长的时间，比如年底在进行评估，一则评估结果的反馈可能就失去了意义，再则评估主体可能凭借主观感觉，从而使营销团队的评估工作失去了公正客观的原则；另一方面，对营销团队成员的工作结果与出勤情况及时进行评估并且及时地予以反馈，有助于及时地了解竞争对手的相关行为以及市场消费者的信息，这些都是针对性营销方案出台的基础，也是营销团队成员灵活性处理市场情况的重要依据。另一种营销团队成员绩效评估指标是"能与德"等隐性的指标。这些评估指标非常重要，是那些显性的营销绩效评估指标背后的东西。我们经常说"小胜靠能，大胜靠德"，但是这些指标很难在短期以内给一个相对准确的评价，所以相对而言适合在较长的考核周期，往往是半年甚至一年。之所以把这些指标叫作"隐性"指标，就是因为这些关于营销团队成员的表现、行为以及素质的因素具有相当的隐蔽性，而且即使相同的可观测的外在行为表现，其隐含的能力与品德可能完全不同，只有长期观测和总结，再加上必要的心理学、行为学相关的推断，才能得相对准确的结论。这就需要营销团队管理者经常性地对其团队成员的重要行为进行日常记录（这种评估方法叫关键事件法，是一种很有用的辅助性营销团队成员绩效评估工具），以作为评估的依据。在实际的营销团队成员绩效评估中，通常并没有将隐性绩效评估指标与显性绩效评估指标的评估周期分开设计，这是因为隐性绩效评估指标很难得到一个较为准确的数值，一般是通过一些行为的程序化来进行，但是这在一定程度上损害了绩效评估的客观性与公平性。

（3）营销团队成员绩效评估的程序

营销团队成员的绩效评估不仅仅是要求结果公平，过程公平也非常重要，因为过程公平是结果公平的保证，缺少了过程的公平，营销团队成员的绩效评估结果即使看起来再合理科学，也会给营销团队的团结和谐造成非常大的负面影响。比如现在有些单位，在评优选先时等到所有的结果都出来，才制定绩效评估的程序，各个评估子项的权重，很显然这就造成了绩效评估的随意性与主观性，从而造成团队成员的不满。

营销团队成员的绩效评估的程序应该严格地遵循以下几个步骤：

第一步：营销团队成员的自评。在这个阶段，营销团队成员按照绩效评估体系的要求，结合自己的实际营销工作业绩及工作行为，并以此为依据，认真而且严格地进行逐项评估，然后将自评结果上交绩效评估的相关部门。

第二步：营销团队成员评估信息的收集。由于营销团队成员的绩效评估是一种全方位、多角度、多层次的评估，既涉及企业内部的信息，也涉及企业外部的信息，既有定量化的信息，亦有定性化的信息，因此这个阶段就是收集各种营销团队评估主体对团队成员的所有评估信息，进而将有关信息汇总并呈交给评估委员会。

第三步：营销团队成员绩效评估工作委员会的评估。该评估以营销营销团队成员的各种评估信息为依据，运用针对性的、科学的、合适的绩效评估方法，由营销团队成员绩效评估工作委员会（其成员应该由营销团队的管理者，其他相关部门的管理者，营销主管领导，人力资源管理部门以及其他相关人员组成）对每一个营销团队成员进行营销绩效的评估，并且得到总结性的营销团队成员绩效评估的结果。须做到及时、客观。

第四步：营销团队成员绩效评估结果的反馈。营销团队成员绩效评估的结果非常重要，一方面它是帮助营销团队成员提升工作能力和工作结果的有力手段，另一方面又是营销团队成员培训的主要指导，更是营销团队成员工作的评价以及薪酬的依据，所以处理不慎会重创营销团队的战斗力和凝聚力。而营销团队成员绩效评估结果的反馈，其根本目的是帮助团队成员找到自己工作中的不足，发现提升营销业绩的途径。此工作一般由营销团队管理者来承担，也有部分企业让人力资源管理部门的相关人员来承担。

由于营销团队成员相对年轻，有想法，有个性，所以营销绩效评估反馈的方法要特别花心思。对于那些绩效较差的营销团队成员，需要结合从业时间的长短，探究其是否适合营销工作，如果适合，再帮助他们分析工作过程与结果，以寻求提升绩效的途径。一定要注意先易后难，树立其信心，让其尝到提升绩效的好处，从而帮助其逐步成长。对于野心比较大，但是能力又不能满足其野心的营销团队成员，重点应该放在其职业生涯的设计上，同时根据其工作成果与过程，找到其在目前岗位上与更上一层岗位上所需要的能力，并共同制订其发展计划，督促其认真实施。总的来说，绩效反馈要重方法，以帮助为主，不是简单地告诉营销团队成员某一阶段绩效评估的结果即可。

另外，如果营销团队成员的绩效评估是季度或半年的评估时，营销团队还需要向人力资源部门提交绩效评估汇总表（不同的企业有不同的要求），营销团队成员的评估表则保存在营销团队内部。而在年终评估时，需要营销团队将其成员的年度绩效评估表和考核阶段汇总表一并呈交相关部门存档，该部门对年终评估结果一般会做出分类统计分析，并报主管领导签字。

4. 营销团队绩效评估的总结与反馈

营销团队绩效评估分为两个层次，第一个层次是营销团队成员个体层，即考评团队成员工作完成情况和工作过程的行为，其目的之一为营销团队成员的成长提供参考，主要内容包括发现团队成员工作中存在的问题，发掘团队成员的潜力，以实现更好的自我发展；第二个层次是营销团队层，其内容主要包括营销团队目标任务的完成情况，营销团队制度的完善与适合程度、营销团队以及成员评估指标体系是否完善，是否符合企业考核其的政策以及是否符合市场的实际情况。

营销团队绩效评估在营销团队层次上的评估实际上是一个控制管理过程，营销团队在经过一个完整的绩效评估周期的运行之后，利用运行的结果在各个团队评估子项上分解的结果，与营销团队目标进行对照比较，再依据对比的结果。

结合营销团队考核周期内的需要，来修正、完善营销团队绩效评估体系中的各项指标，否则营销团队绩效评估的指标体系就无法改进，甚至导致营销团队指标体系的完全推翻，进而重新制定更科学且符合实际的团队指标体系。

5. 营销团队成员绩效评估的结果反馈时应注意的问题

营销营销团队成员的营销绩效评估的一个重要作用就是评价营销营销团队成员的工作胜任情况，进而帮助团队成员更有效地开展营销工作以及为营销营销团队成员的成长指明正确的路径。在一定程度上讲，营销营销团队绩效评估工作的重点就是评估结果的应用。营销团队成员绩效评估结果的反馈的主要目的是多方面的，如团队绩效评估委员会与团队成员双方就团队成员的表现与结果达成一致的看法；指出团队成员优缺点，进而辩明团队成员的不足并商讨其努力的方向；共同为营销团队成员制订针对性的改进计划；让营销团队成员了解自身的发展前景，并且帮助其制定出新的工作目标以及实现的路径。

在营销团队绩效评估结果反馈时，应该注意以下几点：

第一点是创造一个和谐的绩效结果反馈氛围。和谐的氛围包括双方坐在平等的位置上，比如共同坐在一张沙发上，围着某一茶桌或者咖啡桌，放一些适合的轻音乐，让营销团队成员减少敌对情绪，彻底放松，这样有利于接受对方绩效反馈的结果，也能够投入到绩效提升计划的设计中来。

第二点是要乐于倾听，善于沟通。首先是乐于倾听营销团队成员的陈述，他们对市场情况、对自己的工作情况和工作能力都有无比清晰的认识，认真倾听是有效评估的重要保证。如果陈述时间过长，可以有技巧地打断，让绩效沟通工作转到正题上来。另外营销团队成员自己提出来的意见和建议最容易被自己所接受，这有利于绩效提升计划的执行。营销团队成员在工作中会必然会存在一些意见和抱怨，最好的解决办法就是让其释放出来，若带着情绪去工作，特别是营销这种和人打交道的工作，很可能会出现负面作用。最后还需注意一点就是绩效沟通时，不要用一些指令性的东西，包括沟通用词和绩效提升计划，否则营销团队成员很难接受，绩效提升效果也就有限。

第三点是提出的建议尽量具体化，且能够执行。在和营销团队成员就绩效评估结果进行沟通的过程中，结合团队成员自己的认知以及绩效评估结果，针对性地提出绩效改进计划，就必然涉及绩效提升的方法，而这些方法会进一步成为营销团队成员行为的指南，因此，提升绩效的措施要尽量具体，要有可执行性，否则可能在执行的过程中由于理解有误，或者难以落到实处，从而失去意义。最好是先易后难，从绩效提升效果明显的地方入手，这有助于建立营销团队成员的信心，也进一步相信营销绩效沟通的计划，从而帮助其营销能力的提升。

第四点是尽量理解营销团队成员。营销团队成员在复杂的市场营销形势下做出的行为，也许回头再看不是最好的，但是当下他们可以做出的最好选择，所以不要轻易否定营销团队成员的这些行为，更不要轻易地否定营销团队成员的人格和价值，绩效面谈仅仅是针对绩效情况，不要扩大化。围绕着营销工作，全面沟通，明确营销团队成员的优点和缺点，切忌只强调一方面而忽视另一方面，特别是强调不足与缺点，而忽视营销团队成员的优点。过多地强调营销团队成员的缺点只会导致这些团队成员的抵触情绪，从而处于一种相对的自我保护状态，这样反而不利于他们对绩效评估反馈结果的理解与吸收，也会对营销团队成员的自信心与积极性造成非常大的打击，不利于其以后营销工作的展开。

（四）营销团队成员行为的强化

假如营销团队成员所有的行为都是企业或者组织期望的行为，那么团队管理将是一件很简单的事情。但是在现实营销工作中，每一个团队成员都是一个单独的利益主体，难免存在部分团队成员的行为远离团队或者企业的期望，甚至出现与团队或者企业期望相反的行为，这必然损害整个团队的利益，因而必须对营销团队成员的行为进行强化与约束。

依据绩效评估结果对营销团队及其成员在该评估周期内的行为和业绩予以评价，同时根据评价的结果给营销团队成员予以奖励或惩罚，这是营销团队运行的一般规律，通常有三个方面的问题值得注意。

1. 基于团队层次的强化与约束

很多营销团队在运行过程中，通常强调整个团队的成绩，这样可以提升整个团队的凝聚力与战斗力，于无意识中给团队成员传递一个大家是命运共同体的整体团队意识，同时可以在一定程度上防止某些团队成员的自我膨胀。同时，在强调不足时也更多的是强调整个团队的不足，也就是说将营销团队的不足以整体团队缺陷的形式让团队成员知晓，这样必然让业绩不理想的团队成员迫于团体与成员间的压力而努力工作，不但有利于管理团队，而且更能增加团队的稳定性。

（1）成员加入营销团队的强化约束

营销团队成员约束的始点是严格的筛选加入成员。挑选优秀的营销团队成员是比较复杂的事情，必须对选聘对象进行科学而又有针对性的评估。通过营销团队成员的各项评估要素，建立团队成员的胜任能力－意识模型。

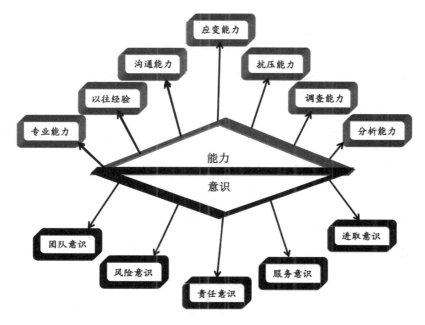

图 3-6 营销团队成员的能力－意识胜任模型

从图 3-6 可以看出，在挑选营销团队成员时，主要从两个层次去把控。第一个层次是对营销团队成员意识的要求，这一层次一般情况下是隐性的，通常不能轻易地准确评估，但是对营销团队成员的业绩具有很大的影响。第二个层次是对营销团队成员能力的要求，通常情况下只要方法合适，就可以较为准确地评估，一定程度上直接决定着营销团队成员的业绩。

另外，挑选营销团队成员的贡献不相同。这就要求用权重来衡量加以区分，比如以前的经历以及取得的成绩能够较为客观地反映选聘对象的综合实力，可以适当地赋予其较大的权重系数，而且在营销这个行业中，经验意味着一种资源，可以有效地利用。除此之外，因为经营销团队成员经常性出差等，还应该适当地考虑其身体状况、家庭构成等因素。

对于初选合格的营销团队成员，最好先进行试用。因为在挑选营销团队成员的指标难免不尽完善，而且在评估的过程中会有一些面试人员的个人好恶等因素的影响，这样必然存在一些误差，只有通过试用才能完全地确定该成员是否适合团队，是否能够完成营销团队的任务目标。

（2）合同的强化与约束

新加入的营销团队的成员，在试用期结束并且评估合格后，就需要签订正式工作合同，这是营销团队成员最基本的行为约束，应尽可能详细。正式工作合同对企业商业秘密的保护也是对企业竞争能力的保护，更是对企业重点客户资源的保护，所有这些都应该在工作合同中应有详尽的表述。另一方面，在工作合同中，团队成员最大荷重程度的失误（或者给团队带来的损失）是营销团队所允许的（也就是说在接受完了相应的惩罚之后还是团队成员）何种程度的错误是红线，团队成员不能逾越，都要做出详尽的规定，让团队成员必须及早明白。甚至在必要时，可以直接用解聘来威慑、约束团队成员的一些行为。比如营销团队的管理者或者领导的权力虽然大，但是企业会为其规定不少界限，使其在企业允许或者期望的范围内行使其权力，不能损害其所在的营销团队或者企业的利益。

（3）制度的强化与约束

任何营销团队都有自己的规章制度、财务制度、风险责任制度等。这些制度在一定程度上硬性规定了团队成员坚决不应该发生的行为，比如出勤制度、报表制度等，要么就是以程序的形式规定了营销团队成员完成某一件向工作的具体步骤，比如费用报销制度，必须在逐级签字的基础上才可以到财务去报销。这种制度的约束是营销团队能够有效运行的基础，每个团队成员都必须遵从。

但是，制度的强化与约束是存在前提的，即这些规章制度都是正确的、健全的，也就是说能够最大限度地保证营销团队整体的利益。但是由于营销团队成员的行为是以市场为依据的，而市场最大的特点是变化，这就可能导致制度制定的初衷与运行出现一定的距离，甚至是制定初期运行很好的制度，经过一段时间后由于市场的变化，或者说团队成员的更替，从而无法适应当前的形势。举一个简单的例子，出生在 20 世纪七八十年代的营销人员，由于经历过改革开放初期我国物质比较匮乏、求职比较艰难的阶段，他们对企业的感恩之心是比较重的，也非常珍惜工作机会。但 90 后、00 后生活在我国改革开放成果丰硕的时代，在工作中追求精神需要的比重更大，部分团队成员可以吃苦，可以努力工作，但是不愿意受委屈。因此，在制定营销团队相关的制度时必须考虑这些因素。同时，营销团队的规章制度应该不断地改进，不断地完善，以适应营销工作的需要。比如在白酒行业的营销团队中，有部分团队成员是做酒店餐馆的酒类营销工作，因为酒店餐馆工作高峰期是晚上，这就要求酒类营销团队成员晚上去这些地方服务，处理各种问题，经常工作到凌晨，这就必然导致这些团队成员第二天打卡困难较大，所以，营销团队的规章制度还应该结合具体的营销业务来制定。

规章制度可以把营销团队成员的行为限制在营销团队许可的范围之内，在一定程度上可以降低团队的风险。正如前文分析，团队成员的行为是以市场为导向的行为，约束过多反而不利于团队成员工作能动性的发挥，再加上不同的营销团队成员职业成熟程度不同、团队发展阶段不同，这必然导致对规章制度的要求不同，因此，企业必须根据实际情况来制定并且定时地调整规章制度。

（4）团队文化强化与约束

团队特有的文化是团队的精神标签，是团队通过多年的运行建立起来的引导或者约束其成员行为的一种软性文化。众所周知，规章制度是硬性的，是条状的，只能规定某些行为是为企业所不允许的，不可能穷尽所有的企业不允许或者不赞成的可能性行为。团队文化虽是软性的，但是通过鼓励企业或者团队期望的行为，引导或者规范团队成员的行为，逐步形成特有的形式风格。团队文化的建设是渐进的、长期的，在润物细无声中慢慢地形成。

（5）上级领导部门与平行部门的强化与约束

营销团队不是孤立存在的，而是有着自己的上级部门与上级领导，这些部门和领导可以通过各种方式来限定团队成员的行为，比如制定不同评估指标来调整团队成员的行为，改派不同的营销团队领导来改变营销团队的氛围，从而改变营销团队的行为，甚至企业可以派专门的监督机构，从团队层面来督查团队的运行状况，让其更好地沿着企业的要求来运行，进而保证营销团队和企业的战略方针在方向上保持一致。而营销团队的平行部门和营销团队经过同理合作，才能帮助顾客实现价值，这些平行部门在自己的职权范围内，通过改变自身，或者合作的方式来内约束营销团队成员的行为。比如生产管理部门通过产能结构的调整来影响营销团队行为，这其实也是一种变相的约束。

2. 基于营销团队成员层面的强化与约束

营销团队是一个有机的整体，但是团队内部成员的能力与素质必然存在差异，这就导致团队成员的绩效各不相同。如果不奖励业绩好的团队成员或者惩罚业绩差的成员，必然出现吃大锅饭的现象，这不是企业所希望的结果。因此必须基于团队成员层次的约束也是必需的。

营销团队中的任何成员归根到底都是一个单独的自然人，必然有自己的追求，营销团队个人层面的约束就是基于这些追求的引导而进行的，可以通过设立特定奖项的形式引导团队成员的行为，也可以通过绩效评估的方式来鞭策一些团队成员的行为。当然，一般必须以正激励为主，负激励为辅。营销工作与办公室或生产车间的作业差距非常大，营销团队成员工作的积极性与主动性是业绩良好的基石，也就是说团队成员的满意度是其工作努力的基础，是取得良好业绩的保障。而负激励在一定程度上可以规范团队成员的行为，但多数情况下很可能会引起团队成员的不满，而这种不满情绪很容易带到营销工作中，从而对营销工作的结果产生负面的影响，其次营销工作是一种灵活性很强的工作，需要针对具体的情况来采取不同的措施，但是一旦团队成员产生了负面情绪，那他的行为就是情绪化的，从而破坏和扼杀了营销团队成员的工作积极性和主动性。从事过营销团队管理工作都知道，团队成员的激励就像治水，正激励就是疏导，负激励就是堵截，经常用堵截的方法可以短时间取得所需的效果，可是成本较高，还可能引发更大的问题，而且治标不治本。但是适当的堵劫还是必需的，否则团队成员的行为就像漫灌的大水一样，任意随着地势而流，最终可能会影响整个团队的利益。而疏导，即正激励，可以让营销团队成员乐于接受企业希望的行为，引起其他团队成员的效仿，进而取得理想的效果。

值得再次强调的是只有激励（或者正激励）是不行的，团队成员间无序的竞争最终会损害团队整体的利益，所以必须有惩罚措施让营销团队成员明白哪些行为是团队坚决不允许的。因此，营销团队在建立激励机制的同时，还必须建立约束机制，此为同一事物的两个方面，缺一不可。

（五）营销团队内部关系的协调

营销团队成员在年龄、性别、性格特点、文化层次、家庭背景、物质条件等方面的差异，再加上不同团队成员的追求不同，这些必然导致营销团队内部的不协调和不一致，矛盾和冲突随之产生。但是部分矛盾和冲突是良性的，有助于增强营销团队的凝聚力，提升营销团队的战斗力，对营销团队健康发展是有益的。实际上还存在另一种矛盾和冲突，其存在有损于团队的团结，破坏营销团队的健康发展，甚至有可能导致营销团队的解体。比如团队内部不公正的处理事件，团队领导过分用权，对于此类矛盾和冲突，营销团队领导要尽量想办法将其控制在允许的范围之内。而设计营销团队内部协调体系的目的就是来协调这类问题，力争将这些给团队带来破坏性影响的冲突和矛盾降低到可以接受的水平。营销团队内部协调体系由较多的模块构成，除前面提到过的明确的目标、公平公正的营销绩效评估系统、合理且公平的酬薪体系之外，还有有效营销团队领导、适合的营销团队文化、营销团队内部沟通体系及营销团队管理四部分。

1. 适合的文化是团队高效运行的前提

短板效应告诉人们，一只木桶中水容量的多少，由那块最短的木板决定。其实这里的前提是构成木桶的木板之间的贴合是紧密的，也就是说水是不能从木板间的缝隙间流失。换言之，一只木桶的容量首先不是由构成木桶的最短木板决定，而是由木板与木板之间黏和的紧密程度而决定。若构成木桶的木板之间的黏和不够紧密，木桶的水容量只能是零，因为水都从缝隙漏掉了。这也就说明了一个营销团队，其战斗力的强弱不是由单个的团队成员的能力来决定的，而是由团队成员个体间的团结程度来决定，而营销团队团结程度就是团队成员间的黏合剂——团队文化，由此可见营销团队文化的重要性。营销团队的文化由以下几个方面构成。

（1）一致的团队目标

目标是前进的方向，是行为的引导者，是努力的灯塔。营销团队共同的目标才能判断哪些行为是对团队有利的，是应该得到激励的，哪些行为是有损营销团队的利益的坚决禁止的。只有有了确定的目标，营销团队成员才能知道努力的方向，从而在营销团队内部形成一种合力，达成一加一大于二的合作效应。很难想象没有目标的营销团队，也难以想象目标不一致的团队能有较高的成绩。团队成员可以聚集在一起，为了完成目标任务而讨论，而分配工作，而通力协作，所以营销团队一致的目标不仅仅是团队成立的基础，也是团队文化的基石。

（2）共享的、正向的价值观

一致的目标仅仅解决了营销团队前进的方向问题，但是团队成员是否沿着这个方向采取行动就不一定了。共享的价值观指的是全体团队成员共同享有、共同支持、共同遵从的团队价值体系。共享的价值观一定程度上能够解决部分的团队成员的行为问题，正因为这样，有效的营销团队必须寻求且构建共享的、正向的价值观。每个营销团队的价值观在一定程度上决定着该成员的营销行为，如果团队成员的价值观与营销团队的价值观不一致，甚至有冲突，团队的领导必然无法领导这些团队成员，因为价值观念上的差别是行为底层的差别，其次是态度与思维方式的差别，最终表现为行为上的差别。另一方面，共享的价值观也是协调营销团队内部冲突与矛盾的基础。也就是说，在共享价值观的基础上才有可能在冲突和矛盾上达成一致，很明显，由于价值观的不一致而引发的矛盾和冲突必然是无法协调的，除非整个团队的解体。

在这里需要注意的是，共享的、正向的价值观不能流于形式，在营销实践中，经常看到企业决策层聘请一些文化管理专家给企业总结几句口号，张贴在企业中比较显眼的位置，或者让团队成员背下来，就以为建成了共享的价值观，这是对共享价值观的误解。共享价值观是在团队运行的过程中形成、在漫长的潜移默化中强化的，是企业文化非常重要的组成部分。对营销团队而言，它就是团队的灵魂，是团队长期存在的基础（有专家研究说中华民族之所以源远流长，最核心的因素就是整个民族共享的价值观），更是营销团队成员判断是非，采取行为的标准。

（3）相互尊重、相互信任的团队成员间关系

营销团队战斗力来源于团队成员的优势互补、齐心协力，形成一加一大于二的协同效应。但是优势互补、齐心协力仅仅是浮在水面上的显性部分，而在水下的隐性部分、基础部分是团队成员间的相互信任，相互尊重。营销团队间的相互尊重是相互信任的前提，一旦团队成员间的尊重缺失，那么相互信任就是空话。皇家荷兰壳牌集团的文化是"你可能不理解他人，但请先尊重他人"。营销团队成员间的相互尊重包括但是不仅限于尊重别人的时间，尊重别人的感情，尊重别人的成绩，尊重别人的选择，尊重别人的行为，等等。只有在相互尊重的基础上，营销团队才能形成相互信任的氛围。所以，没有相互尊重就没有相互信任，没有相互信任就无法相互合作。要出现协同效应，必然要优势互补，这就要求营销团队中的每一个成员，最起码要了解自己，了解自己的优点缺点，了解自己的长处与不足，同时要对团队其他成员有着客观而且清醒的认识，不会因为有的团队成员的某一项优势就予以全面的肯定，也不会因为团队成员的某项缺点就予以全面的否定。只有当每个团队成员都清醒而全面地认识了其他成员，明白了自己在团队中的定位，明白了其他团队成员存在的必要性时，才能真诚地与其他团队成员合作。信任不是一个口号，也不是一种形式，而是团队战斗力的基石，就像战士在战斗中一样，可以把背部交给对方，而自己才能专注于前方，从而没有了后顾之忧。因而相互尊重、相互信任是营销团队凝聚力的基础，是团队战斗力的基础，是共同进步的基础，更是营销团队完成目标任务基础。

（4）和谐和温暖的团队氛围

因为团队成员间的差异性，故团队中出现各种矛盾是难以避免的，所以采用团队形式来运作的组织都会遇到来自个人的不同阻力，在营销团队中，一个成员的成功与否不仅仅由个人的努力所决定，如果想成为一个优秀的团队成员，必须学会与其他团队成员进行有效的沟通，自我解决部分来自个体差异所造成的矛盾，同时还需要学会把个人的目标上升到团队目标的高度，判断自己贡献的大小再不是自己的绩效，而是自己对团队目标任务完成情况的贡献，这是团队内部和谐温暖氛围的基础。在这一认知的指导下，团队成员才可以形成友好帮助的风气，因为帮助了其他团队成员也是为团队整体的任务目标做贡献，这样就会逐渐形成

团队成员间友好的帮助，领导和蔼的管理，必然让营销团队成员对企业产生"家"的感觉。当营销团队成员和谐地融入营销团队这个虚拟的大家庭中之后，这些团队成员的思想认识必然得到进一步的升华，继而加强了以团队的利益为重的认知，在团队中工作的积极性与主动性就会进一步提升，更加愿意用实际行动为团队目标任务的达成增砖添瓦。

在同行业中，营销团队越是被认同，团队成员在团队中的归属感与安全感就越强，随之而来的优越感也就越强烈、越集中。根据马斯洛的需求层次理论，营销团队成员在安全感得到满足的基础上，地位感需求紧随其后，而营销团队在行业中良好的口碑会让团队成员获得他人的尊重。同时，团队成员更加自尊，将更加努力地工作以增强自己的职业安全感，回报团队。这样就形成了良性的循不。

（5）适当的危机感

前面讲到的几个点都是在强调团队内部的因素，而外在因素的威胁同样不可或缺。危机的优势已被鲶鱼效应所证明，营销团队就像笼子里的金

枪鱼，自由自在地游动难免会产生惰性，而外部的危机就是那条让整个团队都神经紧绷起来的鲶鱼，让每一个成员都提高警惕，力争实现目标，开拓市场。市场瞬息万变，竞争激烈，这就决定了每一个营销团队本身就时时处在危机之中。就心理学而言，危机是前进的动力，当营销团队成员意识到危机的存在时，必然产生焦虑感，而消除这种焦虑的途径一般就是努力工作、提升自己，同时提升团队战斗力。危机感也是很好的团队关系协调剂，在庞大的危机压力下，每个团队成员必然将精力集中在自己的工作上，无暇计较细枝末节的小矛盾、小冲突。

2. 有效的营销团队领导

企业高层面对的是整个企业，其职责就是检测企业的运行环境，寻求环境中蕴藏的机会，以便企业在竞争中胜出，同时及早发现环境中存在的威胁并且想办法变为危机，或者躲开威胁。而营销团队的领导面对的是企业营销部门的一个基层组织，其职责是指导营销团队成员的具体业务，维护团队协调发展，所以他不仅必须精通具体的业务，获得团队成员的尊敬，增强领导力，并可以随时指导团队成员在职场中迅速成长，还要有团队建设意识，具备高超的处理问题的能力和人际交往技能，能将营销团队的冲突控制在一定范围以内。

所以，营销团队领导的领导素质和领导风格决定该团队的发展方向和前景。不存在普遍适用的营销团队领导风格，只有适合具体营销团队的领导风格。但是就营销团队而言，一个有效的团队领导应该普遍具备行业相关的知识与能力、优秀的整合能力、准确的判断能力以及敢于担当的心态。具体关系如图3-7所示。

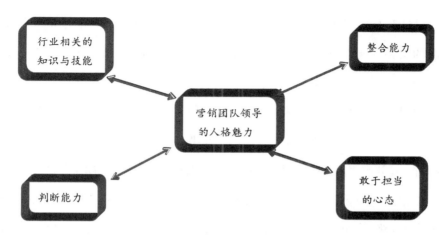

图 3-7　营销团队领寻者必备的能力示意图

由上图可以看出，一个优秀的营销团队领导，其领导效果的有效性，绝大部分取决于其人格魅力，这是因为在人格魅力的感召下，团队成员的行为是发自内心的，他们相信跟随这样的领导一定会实现自己的目标，执行领导的要求时不打折扣。而营销团队领导者的个人魅力由很多因素决定，而且是在与其成员磨合的过程中慢慢形成的，不可能一蹴而就。

（1）营销团队的领导者必须具备该行业相关的知识与技能

这是营销团队领导人的基本要素。有了营销知识与行业知识，首先是自己解决问题得心应手，其次是能更好地指导下属，从而建立威信，让团队领导有信赖感，从而真心实意地服从指导与安排。如果团队成员仅仅是因为行政权威而服从其领导，必然出现与领导讨价还价的现象，甚至出现团队成员不服从其领导的安排，或者阳奉阴违，变相抵触，那么，整个营销团队的绩效不会理想。

（2）营销团队领导者必须具备优秀的整合能力

营销团队领导者最重要的功能之一是整合各种不同的资源。从组织学的角度讲，营销团队是由不同的利益主体构成的集合，每个团队成员都在为自己的利益而奋斗，而且各有特色和专长，但团队资源是有限的，营销团队的领导者就是用这些有限的资源来最大限度地调动起团队成员的积极性，使其为团队整体的利益服务。

营销团队与其他部门或者其他团队是一种竞合关系，在企业整体利益上是合作关系，在团队利益上是竞争关系，这就要求营销团队领导者具有大局意识的同时，还要有团队利益意识，否则，很难将团队成员紧紧地团结起来。

营销团队领导者的整合能力还表现在能够最大限度地利用企业外部资源来完成团队的任务，比如如何整合经销商、媒体为企业或者团队服务，等等。虽然在营销团队内部，团队领导者可以专业的营销与行业知识让团队成员信服，但是在面对外部市场竞争做决策时，须放下自己的专业，虚心地倾听团队成员的意见和建议，整合信息做出最佳决策，唯有这样才能在市场竞争中居于优势位置。

（3）营销团队领导者必须具备准确的判断力

市场永远是瞬息万变，"市场唯一不变的就是变化"而市场竞争对手的营销方案层出不穷，这就要求营销团队的领导者作为整个团队的掌舵人必须对市场的变化迅速做出正确的反应。如果营销团队的领导者未能谨慎判断，做出恰当的决策，便如逆水行舟，一着不慎，可能就会船毁人亡。团队领导既要判断应该采取哪些策略，还要判断什么样的策略是可行的，团队可以争取到的资源是否能够支撑该策略的展开，在执行过程中有可能遇到哪些困难，面对这种困难团队是否有能力有资源克服，等等。只有找对方向，进而找出方法，加上准备充分，才有可能在市场的怒海中避开暗礁与险滩，带领营销团队顺利前行。

（4）营销团队领导者必须具备较强的人格魅力

所谓人格，是指作为人的个体的气质、性格、能力以及品德、权力等方面特征的总和,人格魅力就是指由以上因素所构成的对他人的强烈的吸引力。营销团队领导者的人格魅力一般是自身优秀的品德、吸引人的性格、卓绝的能力以及适当权力的外在表现。这种表现,以行为的方式让团队成员明白跟着该领导者能够让他们有所收获,具体包括以营销团队的利益为重,处理问题果断、公正,胸怀宽广,能接纳团队成员的不同意见,从不挟私报复,严于律己,宽以待人,成为团队成员的表率,等等。团队领导的人格魅力将获得团队成员发自内心的接纳和倾慕,有助于凝聚营销团队的向心力,奋勇向前。

(5)营销团队的领导者必须具备敢于担当的心态

这是对营销团队领导者"德"的要求。营销工作是一项实践性很强的工作,在结果未出之前什么事情都有可能发生,再加上竞争对手也在根据营销团队的策略不停地调整自己的策略,因而难免结果不理想。在这种情况下,如何界定责任就成了必然,作为团队的领导者,所拥有的职位权力在推脱责任上显然有较大的优势,但是一旦团队领导者将自己应该承担的责任推脱到下属身上,必将引起下属的不满,即使下属不讲出来,但是内心已经受到了很大的伤害,从而可能就会有自己的小算盘,甚至有了脱离营销团队的想法。当然,团队领导者该坚持的原则还是要坚持,如在绩效激励制度中,营销团队成员结算时提出貌似合理实则违背原则的要求,须及时驳回,因为若答应而最终上级没有批准,就会面临上下级的不满,上级认为该领导者不能坚持原则,下属认为团队领导者未能给自己争取合法权益。

另外,优秀的营销团队领导还必须想法设置团队成员退出的壁垒,营销行业团队成员流动较为频繁的最主要原因是跳槽成本过低。跳槽对个人的影响较小,但是对营销团队的影响比较大,其原因在于营销团队成员大多是用销售费用来巩固自己的客情关系，一旦跳槽，营销团队不仅面临原客情关系的流失，还很可能需要重新投资来重塑客情关系。无论何种市场竞争，归根到底是营销团队成员的竞争，所以，一方面要积极地留住优秀人才，还必须建立团队非货币性的退出壁垒，如提前签订保密协议等。

3. 营销团队内部沟通渠道的构建

表达含蓄是中国人的优秀品质，但在一定程度上给营销团队的管理工作带来了不便。随着网络技术、数字技术的发展，营销工作中的各种交流、谈判、传播以及展示等营销手段发生了可喜的变化，但是也为营销团队成员之间，成员与领导之间"创造"了更多逃避面对面交流的便利（所有沟通通过即时通信工具来进行），这不仅仅使一些营销团队内部的冲突无法及时解决，还使营销问题的讨论流于形式。实际上，营销团队内部超过80％的冲突与矛盾均为沟通不畅而造成。沟通不畅，制定得再好的市场策划方案也难以得到有效执行，执行效果自然较差，部分营销团队成员也会因此产生消极的心理，这在一定程度上削弱了营销团队的战斗力。由此可见，营销团队内部的沟通非常重要。

任何的营销团队，都会经历一个从创建到成长再到成熟，最后解体消亡的过程。在设计沟通方式时，应该充分考虑营销团队的成长阶段，考虑营销团队成员的成熟程度，只有针对性的设计才能取得较好的效果。

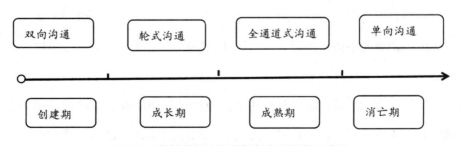

图 3-8　营销团队生长周期与沟通网络示意图

（1）营销团队创建期的沟通网络

营销团队创建期的主要工作是寻求合适的营销团队成员，内部推荐，外部招聘，尽可能地拓宽招聘空间，让最合适的人员进入团队。在这个阶段，营销团队的组建者应该采双向沟通的方式，尽可能地给应聘的人员讲清楚组建团队组员的目的、团队的福利政策、薪酬状况、工作内容以及发展规划等，让应聘者对企业和营销团队有较为全面的了解。同时，招聘者要对每个应聘者加以尽可能准确的评估，可采取双向沟通的方式，以获得其全面的信息。根据美国人力资源管理协会的研究结果，选聘错一个人的代价（不包括给企业造成的损失）是该岗位工资的 1.58 倍，所以在选聘营销团队成员时必须谨慎。

（2）营销团队的成长期的沟通网络

营销团队的成长期应该采用轮式的网络来进行沟通。初创时，营销团队成员对工作不了解，对业务不熟悉，对程序比较陌生，需要营销团队领导悉心的指导，以尽快掌握工作流程。

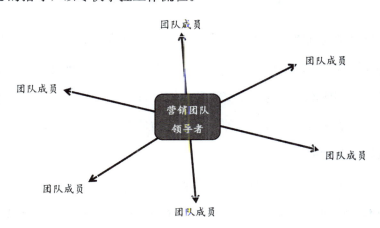

图 3-9　轮式沟通网络示意图

采用轮式沟通网络，在保证营销团队完成基本任务的基础上，不仅让团队成员少走弯路，还可以让他们尽快地熟悉各种业务，理解各种市场行为，为将来发挥自己的能动性打下坚实的基础。这是一种以团队领导为中心的沟通网络模式，可以使行政命令执行的效率最大化。

（3）营销团队的成熟期的沟通网络

随着营销团队的发展，团队成员能力的增长，营销团队然走入成熟期。团队成员的业务技能已经非常娴熟，对市场也非常了解，对团队的运作也了然于胸，也就是说他们完全可以独当一面。因此，在这个阶段营销团队应该采用全通道的沟通网络。

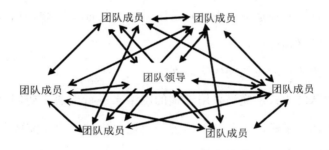

图 3-10   全通道式沟通网络示意图

在这种沟通网络中，团队领导尽可能地放权给团队成员，以充分发挥他们的能动性，鼓励他们解决困难，或与有经验的团队成员交流，寻求解决办法。定期或不定期的经验交流和总结也可以帮助他们更加有效地提升业务能力。简而言之，这是一种无中心的沟通网络模式，可以最大限度地提升营销团队的战斗力。

（4）营销团队的消亡期的沟通网络

没有永恒的营销团队，随着时间的推移，营销团队就会慢慢地步入消亡期。在这个阶段，团队已经不稳定，外面更好的机会时时吸引着团队成员，加上企业内部一些不和谐因素，使营销团队一步步走向崩溃的边缘。由于营销团队成员的心已经不在团队中，工作必然不会尽心尽力，这就要求团队领导加强控制以完成营销团队最基本的任务，所以这个阶段的沟通网络应该再次回到轮式沟通模式。团队领导只有通过行政命令的方式，通过加强监管的方式来迫使团队成员履行相关责任和义务。

当然，无论在哪个阶段，营销团队的沟通方式都应该是双向的，这是因为营销工作是一项创造性很强的工作，没有一套固定的程序能保证其成功。假如营销团队内部只设计了单向的"通知"式的沟通方式，团队成员只能被动地接受团队领导的命令或意见，不得有任何疑问或者反驳，这可能导致营销团队的运作脱离市场而难以取得理想效果。长此以往，必然会造成团队成员不将自己的意见或者建议反馈给团队领导。这样一方面造成营销团队成员的逆反心理，使团队成员变得消极，不利于团队的建设，执行效果大打折扣，另一方面使整个营销工作成为无水之鱼，难以为继。

团队成员间的沟通也是一个重要的问题。首先，团队成员间的沟通是必需的，一方面可以有效地缓解营销团队成员的工作压力，舒缓他们的紧张情绪，有利于营销工作的展开；另一方营销团队内部的每一个成员都是一个独立的个体，他们之间必然存在利益上的不一致、意见上的不统一，所以团队内部的矛盾与冲突是难以避免的，而有效的沟通虽然不能解决所有的矛盾与冲突，但能控制矛盾的范围、冲突的水平。如果团队内部的矛盾与冲突没有得到及时疏通，必然会使积怨加深，小问题变成大矛盾、大冲突，甚至威胁团队的稳定。所以，坦诚、负责以及恰当的沟通不仅能缓解工作压力，提升工作效率，还能提高工作的质量，降低团队运行风险。由是观之，营销团队成员之间的相互沟通是有益的，更是必不可少的。

综上所述，营销团队中需要建立一套双向、多层、交叉的沟通体系。

4. 团队管理

无规矩不成方圆，制度的建设是一切团队管理的开始，可以有效地规范团队的工作，从而慢慢地形成一套共同认可，且共同遵循的行为规范。由于需要共同认可，共同遵循，营销团队制度的制定必须经过团队成员的讨论与认可。值得注意的是，制定制度的人性假设必须而且必然建立在"经济人"的人性假设基础之上，否则制度难以制定下去，而且即使制定了制度难以起到作用。

营销团队制度制定的目的并不是惩罚营销团队成员，更不是显示团队领导的权威，仅仅是更有效地完成营销团队的任务目标。在现实中，我们接触到很多营销团队在运行过程中慢慢地扭曲了团队制度的本质，表现为既忘却了制度的来源，又失去了制度的目的，这样必然使制度成为领导者肆意妄为的工具，出现了为惩罚而惩罚的现象。长此以往，使营销人员满腹牢骚，怨气冲天，极大地影响团队的士气，导致营销团队的工作效率下降，效果难以如意。实际上，制度的目的异常简单：高效地完成团队的整体目标。

（1）正向的、一致的价值观是营销团建立团队制度的前提

正向的、一致的价值观为营销团队制度建立与制度执行的基石。所谓价值观是指个体对客观事物及对自己的行为结果的意义、作用、效果和重要性的整体评价，亦是指导人做出决策与采取行为的判断标准。价值观必然是建立在个体需求的基础上的，但是一旦建立反过来又会决定个体的态度和行为。由此可见，正向的、一致的价值观才能最大限度地发挥团队成员的优势，否则只能叫群体。当然，这里的一致也是相对的一致。在团队一致价值观的引导下形成的团队目标，也就是团队成员共同做过承诺的目标成为该团队制度建立的必要条件。假如营销团队与成员无法达成一致的目标，那么团队制度建设就成了空中楼阁，难以制定，即使制定出，也会是一纸空文，难以发挥作用。

（2）规范团队成员行为是营销团队制度建设的根本

一些行为有利于团队成员个人目标的完成，但是是以损害团队整体目标为前提；一些行为既不利于团队整体目标的完成，也不利于团队成员个人目标的完成，更有甚者是以损害团队的长远目标为代价……为了预防、惩罚或警示这些行为，营销团队必须建立起自己的制度体系。同时，为了激励团队成员的行为沿着营销团队期望的方向发展，营销团队也需要制度体系来规范行为，用奖励的方式使其固化。由此可见，在营销团队的制度建设中，奖励与惩罚是对等的，假如有奖无罚，则损害营销团队整体利益的行为会发生；假如有罚无奖，其结果是无法调动营销团队成员的积极性与主动性，从而无法保证团队任务的完成。

当营销团队目标任务完成时，任务完成较好的个别团队成员产生强烈的目标认同感，慢慢形成向上的循环。比如白酒市场为季节性异常明显的市场，因天气炎热时，啤酒解暑凉爽，白酒显然不具备这个功能，因而销量较小，白酒团队的营销人员经常是付出多而回报少。在这种情况下，很多营销成员显然不愿意将更多的精力投入市场。但是白酒从业人员都清楚，这个时间段可为即将到来的白酒旺季市场打好基础，所以，优秀的营销团队必然会投身于市场基础建设工作。很明显，此时用制度化规范营销行为是一个比较好的方法。

这个阶段的营销团队制度建设的内容主要包括：会议制度、日常考勤制度、各种台账制度以及回访制度，以在维护好客情的基础上尽可能地提升销量。

首先是会议制度。一般分为周会，月会与日会，月会与周会的目的是讨论如何解决团队成员工作中"低谷"，零售点或者经销商前一段时间遇到的问题以及解决对策，并创造一个让营销团队成员间相互之间学习，相互交流的机会，从而提升其业务能力，增加营销团队整体的凝聚力。

其次是考勤制度。有部分从业者认为，营销团队的考勤制度应该松散，原因是营销工作实践性很强，而且以市场为导向，不必像办公室内勤、财务人员等一样考勤。其实这种观点是不正确的，因为营销团队的考勤制度是营销团队有效运行的基础，虽然市场营销工作以市场为中心，但是不等于就不要约束，可以根据市场情况及时沟通，灵活考勤。实际上，营销团队考勤制度的目的一是了保证团队成员工作的时间，二是作为给团队成员发放底薪的重要依据之一。

第三是台账制度。营销工作是一项具体而又细致的工作，而团队成员大部分时间都在市场上，这为跟踪、监控团队成员造成了一定的难度。但是建立了营销团队的台账制度之后，又可以从其行为的效果上来监督营销团队成员，在一定程度上弥补了难以监管的不足，也可以从结果上倒逼营销团队成员的日常行为，使其一直在企业或者团队期望的范围之内。营销团队台账制度的主要内容包括工作计划、工作计划的完成相关的文件性材料，营销工作日记，发货记录，收款记录，客户意向判断总结等其他一些与团队成员工作相关的文件性资料。

最后就是客户回访制度。客户是营销的核心，是市场的具体化，营销团队成员必须定期地对客户进行回访，了解客户的存货状况，督促客户的库存管理，以便选择在适当的时间进货；及时了解市场的动态，检测市场的变化；有效地维护客情关系，拉近团队成员与客户的距；有效地了解竞争对手的市场策略。因此，经常性的回访是营销团队成员工作的中心之一，也是做好市场工作的基础。

第四章　营销团队激励机制执行

营销团队的激励机制最终的落脚点是执行，也就是在营销团队管理实践中的运行。一个无法在实践中运行的机制是没有意义的，运行效果不理想的机制需要不断改进，而理想与否是根据营销团队的目标来衡量，因此，营销团队的激励机制须随着营销团队的运行而不断完善。

第一节　营销团队激励机制执行的程序

营销团队激励机制首先是为了解决营销团队遇到的问题，所以激励机制的起点就是问题的确定，在清楚地界定了营销团队面临的主要问题之后，再根据团队所面临的外部环境与内部条件，确定问题解决的程度。然后，将营销团队的目标和团队成员的主导需求结合，制定针对性的诱导因素集合，结合企业制定的营销团队考核制度，对营销团队及其成员进行考核，确定团队目标的完成情况。最后，根据目标的完成情况相应地满足团队成员的需求。

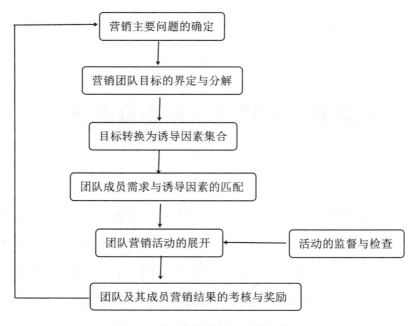

图 4-1 营销团队激励机制执行程序

第一步：营销团队主要问题的确定

众所周知，每一个营销团队在不同的时期都面临着各式各样的问题，或来自营销团队内部，或来自市场，如市场问题可能是销量下降，也可能是市场占有率下降，更可能是回款额达不到预计，还有可能是竞争对手有了新的促销手段等。因此，营销团队不可能一次性解决所有的问题，只能抓住最为关键、最为迫切、最为重大的问题来解决。一般情况下，营销团队只能在一个考核周期内选择三四个问题，一则这样可以抓到重点，再则可以不让营销团队成员迷失在目标体系中。其实营销团队所面临的问题通常随着企业战略、营销环境的变化而变化，但是一些基本的营销问题会一直存在，这也是很多营销团队考核指标在某一个阶段保持不变的原因，但是营销团队的领导必须时时关注市场变化，以便及时地调整某一阶段营销团队所面临的主要问题。比如，一个营销团队在进入某新市场时所面临的主要问题是对市场相关信息掌握不足，所以，营销团队拓展市场的第一步就是收集市场相关信息，如市场容量、市场结构、市场发展情况、竞争对手及其产品的卖点、消费者的消费心理和消费偏好等。这就必然要求营销团队在该阶段以这些信息为目标来设计其指标体系，但是在铺货展开以后，应该对考核的指标适时做出一定的调整。

第二步：营销团队目标的确定与分解

营销团队的领导与成员应该明白，不是所有的问题都能一次性得到完美解决，一般情况下只能解决到一定程度。首先，市场调查问题不可能一次性得到全部资料，而且影响营销结果的因素千千万万，再加上消费者的行为与心理是不停变化的，竞争对手也不可能一直采用一种营销策略；其次，企业运行是一个循环往复的过程，且每次循环相比上次都有一定差异，这些都决定了不可能一次性解决所有的问题；再次，从认知论的角度来讲，问题不可能完完全全得到解决，只能解决到企业认为满意的水平，比如：消费者的需求不可能完全得到满足，只能满足到一定的水平，这个水平就是行业的平均水平。所以，营销团队在确定了其主要问题之后，要依据行业解决问题的平均水平，综合考虑企业的要求和能力等，决定问题解决到何种程度，形成阶段性目标，比如：销量要达到多少？市场占有率应该维持还是扩张？若要扩张，应扩张到什么程度？需要多长时间？竞争对手会有哪些反应？企业如何去应对？等等。这些都要尽早有一个预判，以免到时进退失据。在确定好营销团队的目标任务以后，还需要对目标任务进行分解，根据营销团队成员的具体需求状况，分解出哪些目标任务是提升营销技能的，哪些目标任务是提升管理技能的，哪些目标任务是安抚营销团队成员的。

第三步：目标转换为诱导因素集合

目标任务是从营销团队的角度来讲的，而营销团队成员是以自我利益为中心的个体，是自利的，如果没有利益的驱使，他们很难积极地完成营销团队的目标任务。因此，营销团队或者企业的人力资源管理部门就需要将这些目标转换为引诱营销团队成员采取行为的有利因素，这些诱导因素的集合建立在营销团队成员主导需要的基础之上。必须注意的是，生理需要和身体安全已得到充分满足的成员，最看重的是职业安全，因此在为这类成员分解目标任务时，应该充分考虑职业安全与职业能力提升方面的需要。再加上营销是一个非常注重社交的行业，而且很多营销从业人员非常注重积累资源，因此这可能是诱导因素集合构成中最为重要的一块，在将营销目标转换为诱导因素时需要非常注意。

第四步：团队成员需求与诱导因素的匹配

在调查清楚营销团队成员的主导需要、分解完成营销团队的目标任务之后，要依据营销团队中每位成员的具体需要，结合营销团队目标任务的情况，将营销团队成员与团队目标任务进行匹配，让每位营销团队成员都能在完成营销团队个体任务的基础上，最大限度地满足自身的主导需要。因此，这个匹配包括两个方面：第一是能力与团队任务的匹配，以保证营销团队整体任务完成的需要；第二是团队成员主导需要与任务的匹配，以最大限度地满足营销团队成员的主导需要。比如，对于年轻的营销团队成员，其主导需要一般是成长需要，这时候就需要在任务分解时尽可能地考虑如何在完成企业任务的基础上让其全面成长；对于年龄较大的营销团队成员，再分解团队任务时要考虑其个人特点、职业安全需要，这是因为年龄较大的营销团队成员一旦离职，再找工作就比较尴尬，很多企业不愿意雇佣，所以应尽量考虑其职业安全；对于那些有野心的团队成员，在分解任务时要尽可能地锤炼其更高一层次的各种技能，让其看到晋升的希望。只有这样，营销团队的任务和团队成员才能完美匹配。

第五步：营销活动的展开与监督检查

在分解完营销团队的目标任务之后，营销团队成员的工作就正式开始了。他们根据自己的目标任务或小组的目标任务，结合自身情况、市场状况和客户情况，再创造性地开展自己或小组的营销工作。在这个过程中，营销团队成员有着较大的自由度，这是因为营销工作不同于一般办公室或者车间的工作，不需要遵循固定的程序或者步骤，必须结合实际情况。比如，有时候客户在上班期间没有时间接待营销团队成员，倾向于在下班后找一个氛围比较轻松的地方与营销团队成员交流；有时候营销团队成员接触不到客户群体中的关键人物，需要通过其他途径达成自己的目标。所以，一般情况下，营销团队成员的工作时间不固定，工作地点随意性强。这使营销团队的考核难度较大。因此，在这个阶段对营销团队成员工作实时进行监督检查非常重要。一般情况下，不建议对营销团队成员进行每日的监督与检查，一则因为营销工作是阶段性取得成果的，所以每日检查监督没有必要；二则因为影响营销工作的因素非常多。但无论如何，营销情况汇报与总结例会是必须有的。

第六步：团队及其成员营销结果的考核与奖励

在对营销团队的工作结果进行评估考核时，应该分为两个层次：其一是对营销团队的考核，考核整体任务的完成情况；其二是对营销团队成员的考核，考核团队成员各自目标任务的完成情况，以及营销团队成员的个人成长情况，以便进一步指导营销团队成员成长。考核可以分为结果考核与过程考核，因为营销团队的工作是周而复始的，这个考核周期内的工作，其结果可能要在下个周期甚至下下个周期才得以显现。单个日常的工作可能不会对营销工作结果产生正面影响，但若处理不当，就会对以后的营销工作产生很大的负面影响，所以要注意对营销过程的考核。

营销团队的奖励也应分为两个层次，一是团队成员个人的奖励，依据企业或者团队相应的制度来分配；二是团队整体的奖励，是培养团队整体战斗力的重要形式之一。很多营销团队缺乏凝聚力，但是团队领导者却找不到原因以及解决的办法，这时就可以试试团队整体的奖励，让团队成员共享奖励。这种共享不是平均分配，而是组织整个团队共同参与活动，活动内容可以根据团队的具体情况确定，比如培养团队团结意识的分组对抗、培养团队集体意识的茶会或者野外活动。在这个过程中，要尽量保持团队成员充分的交流与共同游戏。

第二节　营销团队激励机制运行中应该注意的问题

无论制定了多么完美的激励机制，在执行过程中都会遇到各式各样的问题，这是必然的，一则是因为激励机制是依据前期收集的信息资料制定的，对所有的情况都是预估的，现实情况不可能一模一样；二则是因为人性是权变的，不同情景下人员的行为必然不一样；三则是因为任何制度都不可能尽善尽美，必然存在一些不完善的地方。所以，在营销团队激励机制的运行中，应该注意以下一些问题。

一、组建结构合理的营销团队

营销团队通常是由组建者根据自己的个人偏好，而非营销实际工作的需要来组建的，这必然会导致团队成员同质化。其优点是团队成员在某些特定条件下执行力较强，便于组织管理；其缺点也异常明显——团队成员对环境适应能力差，如果营销外部环境或内部条件发生了什么变化，必然导致营销团队成员适应能力不足的问题暴露无遗。基于这种认识，营销团队的组建者在组建营销团队时必须格外注意以下几个问题。

（一）根据团队的任务结构来确定团队的成员

营销团队的任务通常可以分成两和类型。第一类是为工业客户提供产品和服务的。这类任务结构比较复杂，需要团队成员各具才能。所以在组建这类营销团队时，团队的领导者一定要全方位地、多角度地考虑。第二类是为中间商提供产品或者服务的。在组建时，这类营销团队应该尽可能地考虑团队成员的人际技能以及业务相关技能。

特别需要注意的一种情况是，部分企业在运营实践中常常把那些在其他岗位上难以胜任的人员分配到营销部，这必然降低营销团队的战斗力，应该坚决制止。营销团队中存在能力与素质较低的人员，会使团队精神难以树立、团队凝聚力难以聚合、团队战斗力难以形成。而且，其他团队成员很容易受到懒散成员的影响。

（二）团队成员之间互补

单个的、以自我利益为中心的成员构成了营销团队，也就是说营销团队成员的构成必然具有异质性。从事过市场营销实际工作的人都清楚，营销实践是一项异常复杂、异常多样化的工作，需要营销团队成员相互配合才能完成。再加上各个客户性格不同、兴趣各异，这就要求营销团队应该根据实际情况对其团队成员进行有效组合，由此产生了各个团队成员之间互补的情况。比如开展一个简单的促销活动，工作人员中必然有善于收集市场信息的，有善于信息处理的，有善于策划促销方案的，有善于执行方案的，更离不开善于沟通、善于调节的，等等。唯有这样相互配合，这个促销活动才能顺利举办。

这就要求营销团队的领导者一方面有意识地挑选不同技能的营销团队成员；另一方面，有意识地培养已有团队成员不同的业务技能、不同的志趣爱好，同时根据团队经常性的任务结构来调整各种技能的团队成员的多寡。唯有如此，营销团队才能科学有序而且持续地完成营销团队的具体任务。每一个营销团队的管理者都想把自己的团队打造成一个战斗力超群的团队，成为一个战无不胜的团队，这就需要其想方设法地使团队成员在兴趣上、性格上互补，在能力上、知识上互补。举个简单的例子，大连是一个足球氛围很足的城市，所以大连必然存在非常喜欢足球的客户群体，这就要求营销团队成员中最好存在球迷，这样与之接触效果更好。

二、营造和谐的团队氛围，创造包容的团队文化

这是一个供过于求的时代，由此决定了营销工作难度必然比较大，再加上营销工作有其独特的地方，那就是努力就一定有收获，所以，通常情况下，营销团队成员的工作压力很大，经常面临失败。这就要求营销团队必须包容团队成员的失败，增强对团队成员工作的理解。

（一）创造正向的、一致的团队价值取向

价值观是影响营销团队凝聚力的一个重要因素，而价值观缺陷是营销团队战斗力不足的内在因素。部分营销团队认为把企业价值观移植到营销团队上就行，没有必要进一步塑造营销团队价值观，殊不知企业有各个部门，企业的价值观在一定程度上包纳了各种性质的工作，而营销团队的工作与企业其他部门的工作有着根本性的区别。而且，部分营销团队领导根本不重视对团队价值观的塑造，或者说不在意营销团队的统一价值观，因而在工作之初没有考虑这个问题，在工作过程中也没有有意识地培育营销团队统一的、正向的价值观。正是因为缺乏一致的团队价值观的引导与规范，部分营销团队成员必然以各自利益为重，全身心地投入如何用最小努力来获得最大的个人收益的经营中，整个营销团队没有凝聚力，没有集体荣誉感。在以自我利益为中心的价值取向下，营销团队成员要么在市场上投机取巧，没有全身心地为客户服务，长此以往会使客户流失，市场萎缩；要么在团队内部损公肥私，用团队或者企业的整体利益作为获取自身

利益的垫脚石，或者损害他人利益，借损害他人利益来获取自身利益，长此以往，会造成团队成员之间钩心斗角，将工作的重心放在对付同事身上，而不是营销工作当中。这种没有统一的、正向的价值观的营销团队成员，最终都会因为个人的私利而破坏团队的整体利益、企业利益，或者动摇团队根基，降低营销团队的战斗力。

共享的团队价值体系，或是一致的、正向的团队价值观，是营销团队凝聚力的根基，同时也是硬性的、条状的、难以规范部分营销团队成员行为的"填缝剂"，是营销团队高效有序运转的"润滑剂"，更是营销团队达成团队整体目标任务的基本保障。

（二）创建包容性团队文化

正如很多营销团队管理者所言，团队内部各个成员的差异性是团队活力的源泉，也是团队创造力的基础。营销团队成员天然以自我利益为核心，这是人性使然，营销团队的领导者必须有正确的认识。团队成员性格各异，成长背景不同，看待问题的角度相异，这使得营销团队成员思考问题的立场不同，处理问题的方法迥异。所以，营销团队的领导者不能简单地判断某一冲突中谁对谁错，必须基于具体的问题，基于团队的整体利益来判断。由此可见，营销团队的领导者要尽可能地鼓励团队成员为整体利益发挥自己的优势，为营销团队的目标任务做出自己的贡献，而不是想方设法纠正营销团队成员的不足，团队领导与团队成员经常性地处在敌对的氛围之中，得不偿失。

培育相互包容的团队文化还有利在团队中形成求大同存小异的工作氛围，建立起相互尊重的团队成员关系，从而将营销团队的凝聚力维持在一个较高的水平。当今的市场是一个产异化的市场，市场营销工作又千差万别，客户形形色色，所以一刀切地做市场肯定难以取得较好的结果。况且每个营销团队成员均为追求最大限度认可的个体，这些团队成员总是想方设法展示自己的优势以获得团队的认可，取得较好的成绩。由此可见，使每一个营销团队成员的才能得以充分的发挥，营造和谐包容的营销团队氛围，整个团队高效而且高水平地完成团队的工作任务，这些本来就是团队领导的主要职责。

三、丰富激励的方式，灵活激励的方法

营销团队激励是一项针对性很强的工作，不同的情境下，必须采用不同的激励方式、不同的激励物、不同的激励力度，才能取得较好的效果。

（一）激励应该具有针对性

营销团队在运行过中，由于团队成员的流动与成长，必然面临各式各样的情境；甚至是同一群营销团队成员，因为个体需求的差异性，必然要采取不同的激励方式。大多数营销团队倾向于采用金钱激励，一则因为金钱可以通过交换满足营销团队成员的大部分需要，二则因为用金钱激励营销团队成员省时省力，没有必要去调查团队成员的主导需求。但是对于那些刚刚走出校门、以成长需要为主导需要的营销团队成员而言，金钱激励的效果有限。这是因为我国整体的经济水平已经在一个较高的阶段，生存需要不再是主导性需要。所以，要根据实际情况，对营销团队成员采取不同的针对性激励方式。也就是说，激励营销团队成员的方式方法要灵活多变，唯有如此方可取得较好的效果。

（二）激励当以正激励为主，惩罚为辅

为了更好地调整营销团队成员的行为，或者为了在团队成员中树立自

己的威信，或者为了显示自己的权威，部分营销团队领导者在管理营销团队时往往偏爱于采用惩罚的方式，且乐此不疲。其实从事营销工作的人都清楚，营销团队的管理方式是受任务结构影响的。假如是一项时效性较强、内容较为具体、进度可控的任务，那进行适当的惩罚是比较有效的；可营销是一项实践性、创造性较强的工作，一成不变、生搬硬套的营销方法不见得能够解决所有的问题，所以营销团队成员必须竭尽全力，充分地发挥自己的聪明才智，才能得到较好的结果，而这些只有通过正激励才能得到。

正激励是对营销团队成员有助于团队目标完成的行为进行奖励，其目的是促进团队中有更多的类似的行为涌现，继而能够更为有效地调动营销团队整体的工作积极性。而惩罚针对的是团队成员有损团队利益的行为，或者无助于营销团队目标实现的行为，其目的是让营销团队的其他成员引以为戒，杜绝类似行为的发生。如果我们把营销团队比喻成一泓汹涌澎湃的水，那么惩罚就是治水中的"堵"，使堤岸不要出现漏洞；而正激励则为治水中的"疏"，目的是保证水沿着期望的渠道流淌。当然，离开营销团队的具体任务，绝对地比较哪一种方法更好是没有任何意义的。总的来讲，用一种方法来处理营销团队中的所有问题肯定是行不通的，需要根据具体的营销条件，将两者有效地结合起来，综合运用方可取得更好的效果。

任何激励措施只有在适当的情境下才能取得较好的效果。比如，惩罚可以让团队成员在某些情况下产生内疚感，进而让这些团队成员头脑清醒，深刻地认识到自己行为的错误点以及因此对团队整体任务或者形象造成的负面影响，唯有如此才可以让这些团队成员进一步矫正自己的行为，使其向着正确的方向前进，从而为营销团队做出自己最大的贡献。但惩罚的力度必须适中，惩罚力度过大可能导致部分团队成员心理受挫，在以后的营销工作中缩手缩脚、瞻前顾后，影响其工作效果；还可能使其满腹牢骚，除了自己不能安心地工作之外，还可能在团队成员间传递负面情绪，对团队的凝聚力、稳定性产生负面影响。

为了更好地发挥惩罚这种激励措施应有的作用，建议营销团队的领导者在使用惩罚时一定要慎重，必须注意以下几点。

首先，惩罚要基于事实依据。惩罚必须实事求是，且基于被惩罚对象的行为已经明显对团队造成了伤害或负面影响。也就是说，道听途说、捕风捉影不能作为惩罚的依据，否则可能会冤枉好人，或者使受罚团队成员心理无法接受。根据心理学的补偿理论，这些团队成员必然采取一些行为（这些行为可能损害团队整体利益或者团队其他人员的利益）来矫正自己的心理，从而给营销团队造成再一次的损害。另外，惩罚的力度要适宜，不加重，不夸大，不减轻。

其次，运用惩罚权力的主要目的是教育。而教育的对象有两类人，一是犯错者，二是营销团队的其他成员。对其他营销团队成员进行教育的主要目的是警示，让这些团队成员在自己的营销工作中不再出现类似的错误；而对犯错者进行教育的目的是让其充分而又深刻地认识到自己的行为是错误的，错误在哪些方面，以便于其修正错误行为，进而更好地为营销团队做出自己的贡献。所以如果是基于教育的惩罚，建议在采取惩罚措施的前后，均对错误行为的主体予以心理的引导与安抚。第一是平复其心态，让其能够认识到自己的错误，同时诚心地接受团队的惩罚。应该注意的是，营销团队成员的每一个营销行为都是基于对当时情境的判断做出的，这种判断必然会存在错误，所以所有的营销行为本质上就是一种风险的选择，而选择的结果不如意有其必然性，所以那些犯错误者的心理难免不平衡。第二是惩罚后对该成员予以纠错的指导，一方面显示出团队管理者对这些成员的重视，另一方面也让这些成员在以后的工作中不再犯同一错误，在此基础上触类旁通，开拓其思路，进而提升其业务能力。唯有如此，才能化消极为积极，而惩罚这种激励措施也可以发挥出真正的作用。

最后，惩罚的力度要适当。在营销团队管理实践中，部分领导为了一己私利，以罚款过重为荣，这样必然给团队每一个成员都造成一种假象——团队领导针对自己。更有甚者，部分营销团队领导者喜欢采取强硬的惩罚措施来打压部分不认可或者不欣赏的团队成员，这必然造成团队成员产生认知性偏差，不利于营销团队的管理。

四、有效合适的团队领导

营销团队领导是团队的灵魂，也是营销团队建设的设计者和执行者，更是营销团队目标任务的指引者，还是营销团队规章制度的维护者，所以营销团队的领导在团队运作中有着无与伦比的作用。

(一) 勇于担责，维护团队利益

在营销实践中，营销团队领导经常会遇到立场选择性问题。就对上而言，团队领导者必须为企业负责，绝对不能让企业利益受损，否则就很难成为一个合格的团队领导者，最可怕的是这样会导致营销团队失去存在的意义；就对下而言，团队领导者必须维护团队成员的权益，以此来保证整个营销团队的士气以及团队成员的工作积极性。一般情况下，二者是一致的，即：只要保障营销团队成员的权益，就可以有效地促进团队整体目标任务的达成。但是，在某些情况下，二者可能是对立或者不一致的，无法兼得。这种情况下，营销团队领导依据集体利益大于个体利益的原则，选择维护企业的利益是无可厚非的。不过，团队的领导者也应该综合地考虑团队成员的权益，勇于维护团队成员的权益。

（二）容忍成员的缺点，用好成员的优点

团队成员是集优缺点于一身的独立的个体，但部分营销团队的领导只看到了其下属成员的缺点，而且一门心思地琢磨着怎么去改正这些缺点，这是不符合现代人力资源观点的。好的团队管理者要善于挖掘团队成员的优点，而不是想方设法地改正他们的缺点，使其成为一个完美的人。究其原因如下：一是改正一个人缺点的成本太高，这和企业经济主体的身份不符；二是缺点是相对的，某种情况下的缺点，在另一种情况下就是优点。一个简单的例子就可以很好地说明这个问题：很多营销团队的领导认为健谈是营销团队成员必须具备的技能，少言寡语的人不太适合从事营销工作。但是，这些营销团队的管理者不明白真诚在营销谈判中的作用，过于健谈可能会给客户造成一种言过其实的感觉，从而在一定程度上让对方觉得不可信。营销团队管理者必须充分地利用现有成员的优点，并容忍营销团队成员的缺点，甚至在特定的环境下欣赏这些团队成员的缺点，因为这是激发营销团队成员工作积极性的必然要求。

（三）建立营销团队内部的有效沟通体系

有效的沟通系统是高效的营销团队必须具备的，所以营销团队的管理者应该设计一套有效的内部沟通系统。市场的具体情况必须通过高效的沟通系统传递到营销团队领导者的耳中，很难想象一个合格的营销团队领导者会不了解市场情况。营销团队领导者的有效指令也必须适时地下达给团队成员，使其按照团队的意愿来行事。

在营销团队的沟通中，有明确目标的沟通有助于团队的管理者了解营销工作中的具体问题，给团队成员提供自己的建议，进而通过解决市场问题的方式帮助团队成员提升其营销技能。很明显，这能有效地提升团队领导者的权威。总而言之，无论是以了解团队成员的能力与特点为目的，还是为了解目前的市场情况或是竞争对手的营销策略，都是建立在高效的内部沟通的基础上的。除此之外，经常与团队成员沟通可以增强团队成员的团队意识与归属感，使团队成员感觉到自己被重视，自己在团队中的价值也一直得到认可，因而可以进一步提升团队成员工作的积极性。

五、科学的绩效评估

增强营销团队成员自信心的重要途径之一是让每个营销团队成员清楚知道地自己对团队的贡献，这也是团队成员有信心提升自己业绩的源泉，只有在一次次的业绩增长中培养起来的才是真正的信心，而那些每天喊自己有信心的营销人员具有的是假信心，在实际工作面前不会起到任何作用。通过团队内部比较每个团队成员的业绩，让团队中业绩不理想的成员明白自己的真实业绩位置，再通过绩效反馈让这些团队成员了解自身的不足，帮助其找到提升业绩的途径，此为绩效管理的重要职责之一。另一方面，让那些绩效较好的团队成员在精神上与物质上都得到恰如其分的肯定，这是保证营销团队业绩稳步提升的先决条件。

（一）团队成员绩效的评估

我们经常讲榜样的力量是无穷的。对那些考核周期内绩效较好的营销团队成员予以适当的奖励，使其成为其他团队成员的榜样，这样可以正向引导其他团队成员，为其他团队成员指明努力的方向。现实的营销工作中，由于营销团队的部分工作是以小组为单位来完成的，这就要求营销团队内部形成整体的业绩意识，让这些团队成员充分地认识到每一个成员仅仅是完成了整个小组任务结构的一部分，团队领导应该经常性、有意识、有目的地强调这一点，唯有如此才能有效地培养营销团队的团体精神。换一个角度来讲，就是在公开肯定那些业绩好的团队成员所取得的成绩的同时，还应该强调那些业绩看起来一般，但是也为小组的业绩做出了重要贡献的团队成员，这不仅仅是为了维护公平的团队氛围，更能有效地预防部分团队成员自我膨胀。二八定律指出，团队中百分之二十的人决定了百分之八十的业绩，所以应该时时给这些人敲一下警钟，让其对自己有一个正确的认知。

另外，在评估营销团队绩效时，不仅仅要注意评估结果的公平性，而且要强调评估程序的公平性，这是保证绩效评估公平的基础，也是让团队成员心里认可的基础。在营销实践中，工作的结果和过程之间存在很强的正相关关系，好的营销过程不一定导致好的营销结果，但是好的营销结果必然有好的营销过程，这是很多营销实践工作者的共识。同时，营销团队的管理者必须注意到，几乎所有的行业都存在季节性，季节性带来的销售淡旺季必然影响营销团队成员的收益。如果不加以有效管理，必然会导致团队成员收益的季节性波动，特别是淡季，很容易影响营销团队的稳定性。这就要求在设计关键绩效指标时必须预判淡旺季的交替情况，根据具体市场情况科学地确定。在淡季时，应该加大营销工作过程相关的绩效指标的权重，比如客情、铺货率、市场研究报告等，让营销团队成员在淡季将工作的重心放在营销基础工作上，这样设置绩效评估指标既深耕市场，为旺季更好的营销打下坚实的基础，又可以使营销团队成员在工作中始终有重心，不至于在营销淡季迷茫。

（二）重视绩效的反馈工作

在营销绩效评估的实践中，很多营销团队不太在意绩效反馈，究其原因，往往是因为对绩效评估的认识不足。比如，认为绩效评估仅仅是为了团队成员发工资，或者是为营销团队成员的晋升提供依据。其实，他们忘记了最为重要的一点：绩效评估能有效提升营销团队成员的业绩。一个营销团队之所以能够不断地取得进步，是每一个团队成员共同进步的结果，而这个共同的进步，就需要科学地利用绩效评估的结果，帮助团队成员找到其素质技能的不足之处，由简到难地制订绩效提升计划，并逐步执行这个计划。

对于那些绩效评估结果较好的团队成员而言，通过绩效评估，可以有效地探究其当前的主导需求，为制定针对性诱导因素做准备。对于那些绩效评估结果不是太理想的团队成员来说，绩效反馈是发现其业务能力短板的重要途径，发现这些团队成员业务能力的短板，帮助其找到补齐短板的途径与方法，进而提升其业务能力。绩效评估的结果能够准确地反映该成员在上一个考核周期中的工作结果与工作行为，帮助这些团队成员分析评估周期内其表现的优劣情况，最为重要的是帮助其分析造成业绩不佳的原因，使他们在事实面前能够静下心来虚心学习，有利于他们接受绩效提升的建议。所以，绩效反馈是帮助团队成员提升业务能力最为重要的途径。

（三）营销团队奖励共享的制度

营销团队奖励共享制度是提升营销团队凝聚力与战斗力的重要方法，但是在很多教科书中看不到这方面的内容，其原因是比较复杂的，一则是管理学中与激励相关的理论大都来自美国，以自我利益为中心，强调实现和维护自己的价值，不在乎他人。二则是文化差异。中国受儒家文化的影响，倡导集体主义，与源自美国的管理学理论的价值观相冲突。三则虽然如今有很多研究现代组织行为的理论，但是这些理论大部分都是将组织看作一个较大的个体来研究，而不是从共同协调的角度对有机地组成这些大个体的小个体进行研究。四则很多管理者采取过相关措施，或者以制度的形式实行过团队奖励共享，但是缺乏后续实践。所以，虽然营销实践管理者知道团队奖励共享的好处，但是研究者较少，推广很难如意。

营销团队管理的者都知道，团队成员业绩的好坏并不取决于努力程度，造成业绩不佳的原因是多方面的，既有外在的因素，也有内在的因素。外在的因素难以控制，此处不再讨论，就内部因素而言，可能涉及团队的支持力度、营销团队成员所占有的市场情况。比如：有的团队成员业绩好是因为他管理的市场经济水平高，且市场容量大，市场环境比较差的团队成员再怎么努力也难以与其匹敌。反过来讲，一个团队成员业绩好是以牺牲其他团队成员的利益为代价的，也有可能是整个营销团队共同努力的结果，该团队成员仅仅是代表整体团队接受了这个共同努力或者伤害团队其他成员的工作的结果而已，这就是团队成员部分团队奖励共享的理论依据。

团队奖励共享分为物质奖励共享与非物质奖励共享两个方面。非物质奖励的共享对营销团队中那些绩效不理想的团队成员而言尤为重要。首先，通过非物质奖励来肯定那些绩效不理想的团队成员，在增强这些团队成员的团队荣誉感的同时，也让他们清楚地知道自己对团队所做的那些难以统计的贡献，无形中增强他们的自信心；其次，这也是团队物质奖励最为重要的一点，共享坚决不能将物质奖励平均且看似公平地发放给团队成员，这就失去了团队奖励共享的意义，必须是通过共同消费的方式，唯有如此才能极大地增强整个营销团队的凝聚力与战斗力，更能够极大地提升营销团队成员的职业安全感。也许有人会说，那些营销团队成员经常在一起，但是必须明白那只是在工作，一般都是忙忙碌碌的，很难有接触到工作以外的领域，所以很难全方位的了解彼此。但是在团队奖励共享的过程中，大家可以放下各自的工作，从另外一个角度来审视自己的同事，这必然增加团队成员间的了解，可以有效地培养团队成员间的和谐氛围。比如，团队成员在相对轻松的环境中娱乐、交流、休闲，必然增加这些团队成员心理上的融合，从而为他们在以后在工作中高效地合作打下坚实的基础。

应该注意的是，团队奖励成果的共享最好能够设计一些项目，这些项目有的培养团队的凝聚力，有的培养团队的战斗力，有的培养团队成员间的默契程度，有的仅仅是因为前一段时间工作过于紧张而让团队成员放松，这些都应该根据团队的具体情况而定。无论如何，在休闲娱乐中，在轻松愉快游戏里，能够让团队成员有意无意地相互理解、相互融合。

六、满意度和公平感的相对平衡

绝对的高满意度和绝对的强公平感是所有营销团队的追求。但是在现实的营销工作中，公平感强和满意度高往往是难以兼顾的。即使营销团队的领导者能够找到一种方法，在这种方法的加持下，可以让营销团队成员涌有很高的满意度和很强的公平感，也可能会出现很高的成本，对于以利益为核心的营销团队而言是不划算的，或者说得不偿失。事实上，每一个营销团队的管理者都很清楚这一点，但是在营销实践中，那些营销团队管理者可能迫于业绩的压力，亦可能是来自其他方面的要求，一直在寻求其团队成员最强的公平感和最高的满意度。最高的公平即为绝对的公平，而绝对的公平就是"大锅饭"，可是"大锅饭"的运行实质上是打击先进、鼓励落后，因此追求绝对的公平是没有意义的。同时，让营销团队成员绝对满意其实也不可能，团队成员都是单个的人，是单纯的个体，而个体的人无论是在物质方面的追求还是在精神方面的追求是无止境的。正是基于这个原因，在营销团队管理的实践户，较为可取的方法是力争平衡营销团队成员的公平感与满意度，使其保持在一个较高的水平。这样既不会因为营销团队成员的满意度低而影响团队的稳定性，又不会因为营销团队成员公平感低而影响团队的凝聚力，这是一个比较现实而又可行的保持营销团队整体高战斗力的方法。

　　无论是设计营销团队激励机制还是营销团队激励机制的执行，均为非常复杂且具有较高挑战性的工作。营销团队必然受到成长周期、业务范围、团队成员构成等各种因素的影响，不存在一种完完全全适合各种营销团队的激励机制，只有在营销的实践中不断地摸索、调整出最适合某一营销团队的激励机制。因此，激励机制的制定与执行是一个不断完善的适配过程。

参考文献

［1］飞利浦·科特勒. 营销管理［M］. 上海：上海出版社，2009.

［2］斯蒂芬·P·罗宾斯. 团队打造［M］. 上海：上海人民出版社，2003.

［3］斯蒂芬·P·罗宾斯. 组织行为学（第7版）［M］. 北京：中国人民大学出版社，2004.

［4］李杨. ZZ银行零售业务营销团队建设研究［D］. 济南：山东大学，2020.

［5］周云霞. 连锁房地产经纪公司销售团队建设研究———以苏州××房地产经纪公司为例［J］. 现代商业，2019（32）.

［6］黎冰娥. 房地产营销管理中的团队建设与维护策略［J］中国集体经济，2021（11）.

［7］刘伟. 企业中的团队建设与员工管理研究［J］. 中国商论，2020（20）.

［8］沈小华. 团队建设在企业发展中的作用探讨［J］. 企业改革与管理，2019（15）.

［9］崔文婧. 关于加强新时期国有企业政工团队建设的研究［J］. 现代国企研，2019（4）.

［10］苗新民. KX公司营销团队激励机制优化研究［D］. 广州：华南理工大学，2018.

［11］郭庆利. 谈企业中的团队建设与员工管理［J］. 辽宁师专学报（社会科学版），2019（5）.

［12］南珂. 房地产开发企业营销团队全面薪酬管理探讨［J］. 中外企业家，2019（6）.

［13］徐东华. 寿险营销团队管理的激励艺术研究［J］. 中国国际财经（中英文），2017（11）.

［14］马强. 油田物资公司营销团队建设和管理研究［J］. 经贸实践，2017（1）.

［15］陈维政，余凯成，等. 人力资源管理［M］. 北京：高等教育出版社，2002.

［16］苏国勋. 理性化及其限制——韦伯思想引论［M］. 上海：上海人民出版社，1988.

［17］彼得·圣吉. 第五项修炼［M］. 上海：上海三联书店，1999.

［18］芮明杰. 管理学现代的观点［M］. 上海：上海人民出版社，1999.

［19］王祖成. 改革与发展［J］. 中国企业管理在线，2005（11）.

［20］王祖成. 世界上最有效的管理——激励［M］. 北京：中国统计出版社，2005.

［21］董克用，叶向峰. 人力资源管理概论［M］. 北京：中国人民大学出版社，2004.

［22］侯光明，李存金. 现代管理激励与约束机制［M］. 北京：高等教育出版社，2003.

［23］甘华鸣. 人力资源：组织与人事［M］. 北京：中国国际广播出版社，2002.

［24］Maslow A. H：Motivation and Personality［M］. New York Harper&Row，1970.

［25］Islam R. Ahmad Z H I. Employee Motivation：a Malaysian Perspective［J］. International Journal of Commerce and Management，2008（4）.

［26］Prahalad C K，Hamel G. The Core Competence of the Corporation［J］. Harvard Business Ptevlew，1990（3）.

［27］David A. Waldman，Leanne E. Atwater，David Antonio. Has 360 Degree Feedback Gone Amok？［J］. Academy of management Executive，2008（2）.